CITY|TRIP

STUTTGART

W0058992

Inhalt

Exkurse zwischendurch

Benutzungshinweise

Cityatlas und City-Faltplan

Die im Buch beschriebenen Örtlichkeiten wie Sehenswürdigkeiten, Restaurants, Hotels, Cafés usw. sind im Kartenmaterial mit Symbol und Nummer eingetragen.

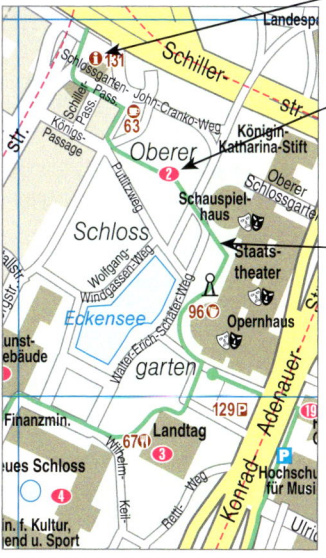

Orientierungssystem

Zur schnelleren Orientierung tragen alle Hauptsehenswürdigkeiten und Lokalitäten sowohl im Text als auch im Kartenmaterial die gleiche Nummer:

❶ 131 Mit Symbol und fortlaufender Nummer werden alle sonstigen Lokalitäten wie Cafés, Geschäfte, Hotels, Infostellen usw. gekennzeichnet.

❷ Mit einer fortlaufenden magentafarbenen Nummer sind die Hauptsehenswürdigkeiten gekennzeichnet. Steht die Nummer im Fließtext, verweist sie auf die Beschreibung dieser Sehenswürdigkeit im Kapitel „Stuttgart entdecken".

❯ Die farbige Linie markiert den Verlauf des Stadtspaziergangs (s. S. 18).

[E3] In eckigen Klammern steht das Planquadrat im Kartenmaterial, in diesem Beispiel Planquadrat E3.

Ortsmarken ohne Angabe des Planquadrats liegen außerhalb des Kartenmaterials. Sie können aber wie alle Örtlichkeiten in unseren speziell aufbereiteten Luftbildkarten auf der Produktseite dieses Buches unter www.reise-know-how.de lokalisiert werden.

Bildnachweis

Die Kürzel an den Abbildungen stehen für folgende Fotografen, Firmen und Einrichtungen. Wir bedanken uns für die freundliche Abdruckgenehmigung.

apw	Atelier Peter Wels (Visualisierung)
gk	Gabriele Kalmbach (die Autorin)
sm	Stuttgart-Marketing
S. 2	Fotolia.com/fothoss
S. 138	Fotolia.com/lool

Umschlag: Fotolia.com/Wieselpixx

Vorwahlen

❯ **Stuttgart:** Tel. 0711
❯ **Deutschland:** Tel. 0049
❯ **Österreich:** Tel. 0043
❯ **Schweiz:** Tel. 0041

Bewertung der Sehenswürdigkeiten

★★★ auf keinen Fall verpassen
★★ besonders sehenswert
★ wichtige Sehenswürdigkeit für speziell interessierte Besucher

Impressum

Gabriele Kalmbach

CityTrip Stuttgart

erschienen im
REISE KNOW-HOW Verlag Peter Rump GmbH,
Osnabrücker Str. 79, 33649 Bielefeld

© Peter Rump
1. Auflage 2012

Alle Rechte vorbehalten.

ISBN 978-3-8317-2189-4
PRINTED IN GERMANY

Herausgeber: Klaus Werner
Lektorat: amundo media GmbH
Layout: Günter Pawlak (Umschlag),
Anna Medvedev (Inhalt)
Karten: Ingenieurbüro B. Spachmüller,
amundo media GmbH
Druck und Bindung: Himmer AG, Augsburg
Fotos: siehe Bildnachweis S. 5
Anzeigenvertrieb: KV Kommunalverlag
GmbH & Co. KG, Alte Landstraße 23,
85521 Ottobrunn, Tel. 089 928096-0,
info@kommunal-verlag.de

Dieses Buch ist erhältlich in jeder Buchhandlung Deutschlands, der Schweiz, Österreichs, Belgiens und der Niederlande. Bitte informieren Sie Ihren Buchhändler über folgende Bezugsadressen:

Deutschland: Prolit GmbH, Postfach 9, D-35461 Fernwald (Annerod) sowie alle Barsortimente
Schweiz: AVA Verlagsauslieferung AG, Postfach 27, CH-8910 Affoltern
Österreich: Mohr Morawa Buchvertrieb GmbH, Sulzengasse 2, A-1230 Wien
Niederlande, Belgien: Willems Adventure, www.willemsadventure.nl

Wer im Buchhandel kein Glück hat, bekommt unsere Bücher auch über unseren Büchershop im Internet:
www.reise-know-how.de

Alle Informationen in diesem Buch sind von der Autorin mit größter Sorgfalt gesammelt und vom Lektorat des Verlages gewissenhaft bearbeitet und überprüft worden. Da inhaltliche und sachliche Fehler nicht ausgeschlossen werden können, erklärt der Verlag, dass alle Angaben im Sinne der Produkthaftung ohne Garantie erfolgen und dass Verlag wie Autorin keinerlei Verantwortung und Haftung für inhaltliche und sachliche Fehler übernehmen. Die Nennung von Firmen und ihren Produkten und ihre Reihenfolge sind als Beispiel ohne Wertung gegenüber anderen anzusehen. Qualitäts- und Quantitätsangaben sind rein subjektive Einschätzungen der Autorin und dienen keinesfalls der Bewerbung von Firmen oder Produkten.

Wir freuen uns über Kritik, Kommentare und Verbesserungsvorschläge:
info@reise-know-how.de

Latest News

Unter **www.reise-know-how.de** werden regelmäßig aktuelle Ergänzungen und Änderungen der Autoren und Leser zum vorliegenden Buch bereitgestellt. Sie sind auf der Produktseite dieses CityTrip-Titels abrufbar.

www.reise-know-how.de

› Ergänzungen nach Redaktionsschluss
› kostenlose Zusatzinfos und Downloads
› das komplette Verlagsprogramm
› aktuelle Erscheinungstermine
› Newsletter abonnieren

Verlagsshop mit Sonderangeboten

Auf ins Vergnügen

001st Abb.: sm

Stuttgart an einem Tag

Stuttgart ist in Bewegung geraten und entwickelt sich von der wohlhabenden, aber behäbigen Provinzmetropole immer mehr zu einer interessanten, vielfältigen, multikulturellen und jungen Großstadt.

Die Landeshauptstadt Baden-Württembergs bietet **historische** und **moderne Architektur**, eine **lebendige Kunst- und Kulturszene**, internationale **Sportevents**, große **Feste** und **Märkte** sowie zahlreiche kleine und große **Festivals** von Kino über Kabarett bis zu Literatur und Jazz. Insbesondere Kulturinteressierte, die eine der häufig überregional beachteten **Wechselausstellungen** in der Staatsgalerie **20** oder im Kunstmuseum **8** besuchen oder Tagesgäste, die sich für die auch architektonisch spannenden **Automuseen** von Mercedes-Benz **44** und Porsche **46** interessieren, kommen hier auf ihre Kosten. Da Stuttgart auch kulinarisch einiges zu bieten hat, lohnt es sich, vorab einen Tisch zu reservieren: Gute **Restaurants** bieten regionale oder internationale Küche, einige mit Stern ausgezeichnete Gourmetlokale auch höchstes Feinschmeckerniveau. Gemütliche **Cafés** und **Biergärten** laden zu entspannten Stunden ein und in zahlreichen **Weinstuben** lässt sich in urschwäbischer Atmosphäre das ein oder andere „Viertele schlotzen". Zur Adventszeit lockt der stimmungsvolle **Weihnachtsmarkt**, für den die Budenbetreiber ihre Dächer extra aufwendig schmücken.

Doch wie kann ein Tagesbesuch sinnvoll organisiert werden? Mit dem vorgeschlagenen **Stadtspaziergang** (s. S. 18) lässt sich die Stuttgarter Innenstadt an einem halben Tag bequem zu Fuß kennenlernen. Und trotz Museumsbesuch bleibt auch noch ein wenig Zeit für einen **Einkaufsbummel**. Exquisite Boutiquen und traditionsreiche Fachgeschäfte, die **Königstraße** [C5–E3] als zentrale Shoppingmeile und die moderne Ladenpassage im Königsbau **7**, die schöne Markthalle **12** und zahlreiche Wochenmärkte (s. S. 26) – Einkaufen in Stuttgart hat viele Facetten.

Stuttgart an einem Wochenende

*Wer die Landeshauptstadt Baden-Württembergs an einem Wochenende erkunden will, kann sich am ersten Tag vormittags einen guten Eindruck von den Sehenswürdigkeiten und Museen der Innenstadt verschaffen – hier liegt alles nah beieinander. Am Nachmittag und am zweiten Tag bleibt Zeit für Abstecher auf die Hügel und lohnende Ziele am Rand der Innenstadt. Je nach Interesse kann man auch den einen oder anderen Museumsbesuch einstreuen. Allerdings lässt sich in so kurzer Zeit längst nicht alles kennenlernen. Die vielen hochkarätigen Museen, der stimmungsvolle Hoppenlauffriedhof **35**, ein Abstecher zum Fernsehturm **42** oder in die nahen Weinberge bzw. nach Bad Cannstatt **43** – all das muss bis zum nächsten Besuch warten.*

▶ *Diese bunte Plastik von Alexander Calder steht mitten auf der Königstraße [C5–E3]*

◀ *Vorseite: Die Damaszenerhalle auf dem Gelände der Wilhelma* **29**

Erster Tag

Am Vormittag empfiehlt sich der auf Seite 18 beschriebene **Stadtspaziergang**. Er führt vom **Hauptbahnhof ❶** durch den **Oberen Schlossgarten ❷** und über den **Schlossplatz ❺** zu **Kunstmuseum ❽**, **Altem Schloss** (Landesmuseum Württemberg **❾**), **Markthalle ⓬**, **Schillerplatz ❿** und **Stiftskirche ⓫** bis zur **Staatsgalerie ⓴**. Und falls der erste Tag des Stuttgart-Bummels ein lebhafter Samstag ist, kann man auch beliebte Märkte besuchen – den **Flohmarkt** auf dem Karlsplatz (s. S. 26) und die bunten **Wochenmärkte** auf Marktplatz und Schillerplatz (s. S. 26).

Dabei lernt man nicht nur vieles von dem kennen, was in Stuttgart sehenswert ist, sondern macht zugleich auch einen Gang durch die **Stadtgeschichte**. Denn dort, wo heute das Alte Schloss steht, nahm einst im 10. Jahrhundert mit einem „Stuotgarten", einem herzoglichen Gestüt, die Siedlung ihren Anfang. Die Barockepoche ist mit dem **Neuen Schloss ❹** vertreten, die 1950er-Jahre rund um den **Marktplatz ⓮** und der neueste Bau, der gläserne Würfel des Kunstmuseums, ist städtebaulich Teil der Neugestaltung des Kleinen Schlossplatzes, mit der die alte Betonsünden der 1960er-Jahre korrigiert wurden.

Wer nicht schon ausgiebig gefrühstückt hat, findet in der Innenstadt an jeder Ecke attraktive Einkehrmöglichkeiten für die **Mittagspause** (s. S. 38). Wer sich nachmittags noch die große Otto-Dix-Sammlung und moderne Kunst im **Kunstmuseum ❽** anschauen will, hat im Besitz einer Eintrittskarte die Chance, einen Tisch im **Cube** (s. S. 31) zu bekommen – ein paar Plätze werden für Museumsbesucher freigehalten. Ansonsten ist

006st Abb.: gk

hier ohne Reservierung nichts zu machen, der tolle Blick auf den Schlossplatz macht die Tische am Fenster begehrt.

Anschließend liegt es zwar nahe, nachmittags nur noch durch die **Einkaufsstraßen** zu bummeln, denn schon beim Rundgang waren viele schöne Geschäfte zu entdecken, aber es wäre schade, nicht wenigstens noch einem der Museen, die in Fußweite liegen, einen Besuch abzustatten. In der **Staatsgalerie ⓴** sind die hochkarätigen Sammlungen alter Meister und klassischer Moderne nicht konsequent chronologisch gehängt, sondern zeitlich eigentlich weit getrennte, aber benachbart angeordnete Kunstwerke eröffnen bewusst überraschende Bezüge.

Wer den Abend „schwäbisch" ausklingen lassen will, kann im **Weinhaus Stetter** (s. S. 34) im Bohnenviertel ⓲, im **Schellenturm** (s. S. 33) oder in der **Weinstube Fröhlich** (s. S. 34) im Leonhardsviertel ⑱ Maultaschen oder andere regionale Leibspeisen ordern und dazu wie die Einheimischen „ein Viertele schlotzen".

Zweiter Tag

Für die Ziele am Rand der Innenstadt und auf den Anhöhen bietet es sich an, mit den roten **Bussen der Stuttgart Tour** (s. S. 122) zu fahren, die am Schlossplatz ❺ auf zwei verschiedenen Routen starten. Im Hop-on-Hop-off-System kann man an zahllosen Stationen aussteigen, sich Zeit für die Besichtigung nehmen und dann mit dem nächsten oder übernächsten Bus weiterfahren. Ein Tagesticket für die Stadtbahn oder ein Gruppenticket sind allerdings deutlich günstiger.

Vier ganz besondere Highlights stehen heute auf dem Programm, das Mercedes-Benz-Museum, die Wilhelma und danach der Killesberg mit der Weißenhofsiedlung und dem Höhenpark. Im **Mercedes-Benz-Museum** ⓬ auf der anderen Seite des Neckars werden „automobile Träu-

▼ *Ein Highlight für Auto- und Architekturfans: das Mercedes-Benz-Museum* ⓬

007st Abb.: gk

me" wahr. In einem auch architektonisch sehenswerten Museumsneubau wandern die Besucher vom obersten Geschoss auf spiralförmigen Rundgängen vorbei an 125 Jahren Automobilgeschichte. Mit rund 160 Fahrzeugen von alten und neuesten Serienmodellen über legendäre Rennwagen bis zu Nutzfahrzeugen wie Transporter, Omnibusse und Lkws wird ein Überblick über die ganze Produktpalette des Unternehmens gegeben.

Die **Wilhelma** 🕖, Stuttgarts botanisch-zoologischer Garten und ehemaliger königlicher Landsitz mit exotisch-orientalischer Architektur, lohnt zu jeder Jahreszeit einen Besuch. Ein Spaziergang über die Anlage führt zum villenartigen Landhaus in erhöhter Hanglage, das sich König Wilhelm I. Mitte des 19. Jahrhunderts im maurischen Stil erbauen ließ. Als Vorbild diente seinem Architekten Karl Ludwig von Zanth die Alhambra im spanischen Granada. Erst Jahrzehnte später wurde dieser Teil des Rosensteinparks für die Öffentlichkeit zugänglich. Reizvoll sind die im Rhythmus der Jahreszeiten wechselnde Bepflanzung des Geländes, der strenge maurische Garten, die Subtropenterrassen und nicht zuletzt die Kakteen und exotischen Pflanzen in den alten

Das gibt es nur in Stuttgart

Der Hauptbahnhof ❶ *als Aussichtsturm! Mit dem Aufzug geht es hinauf zur Dachterrasse unter dem sich drehenden Mercedesstern. Vom **Bahnhofsturm** blickt man auf die zentrale Achse der Königstraße, die ganze Stuttgarter Innenstadt und die Anhöhen ringsherum.*

*Eine der größten **Leuchtreklamen** der Welt ist der Bosch-Schriftzug am Bosch-Parkhaus. Das 8 m hohe, über 50 m lange und tonnenschwere Logo befindet sich an dem über die A8 gespannten Parkhaus für Flughafen- und Messebesucher.*

*Zur Internationalen Gartenbauausstellung 1993 in Stuttgart wurde das **Grüne U** geschaffen, ein 8 km langer Grünzug, der sich vom Schlossgarten bis zum Killesberg* ㉒ *erstreckt. Über Wege und Brücken sind so unterschiedliche Grünanlagen wie der Park der Villa Berg* ㉚*, die Wilhelma* 🕖*, der Rosensteinpark* ㉑ *und der Wartberg miteinander verbunden. Durch* *die Verlegung der Messe Stuttgart zum Flughafen wurde das alte Messegelände auf dem Killesberg frei. Dort soll das Grüne U noch um die „Grüne Fuge" bis zur Feuerbacher Heide erweitert werden.*

*Das **Schweinemuseum** (s. S. 46) im Alten Schlachthof versammelt einen Sau-Haufen der kuriosen Art. Rund 45.000 Exemplare des Borstenviehs mit Ringelschwänzchen umfasst die Sammlung, weltweit wohl die größte ihrer Art. Sparschweine, Kuscheltiere, Glücksschweinchen, aus Plüsch, Gold, Keramik, Holz, als Anhänger, Tasse oder auf Gemälden - hier werden Schweine aller Art „saugut" präsentiert.*

*Die **Zacke** (s. S. 101) ist eine der wenigen Zahnradbahnen in Deutschland und die letzte im Linienbetrieb einer Großstadt. Vom Marienplatz bringt die 1884 eingeweihte Zacke, auch „Zacketse" genannt, ihre Fahrgäste auf die Filderebene nach Degerloch.*

gusseisernen Gewächshäusern. Seit den 1950er-Jahren werden neben den botanischen Sammlungen auch Tiere gezeigt und heute beherbergt die Wilhelma knapp 10.000 Tiere aus fast 1000 Arten. Besonders sehenswert sind Aquarium und Amazonashaus. Bei Kindern sind die Tierfütterungen beliebt.

Stationen auf der blauen Route der Busse von Stuttgart Tour sind auch der Höhenpark Killesberg und die **Weißenhofsiedlung** ㉓. Die Mustersiedlung für modernes Bauen entstand 1927 unter Beteiligung später weltberühmter Architekten wie Mies van der Rohe und Le Corbusier. Elf der einst 21 gebauten Ein- und Mehrfamilienhäuser sind erhalten und wurden in den 1980er-Jahren saniert. Eine Haushälfte in einem Corbusier-Bau wurde in den Originalzustand zurückversetzt (inklusive Farbkonzept) und kann besichtigt werden.

Der **Höhenpark Killesberg** ㉒, ein kleines Stück oberhalb der denkmalgeschützten Weißenhofiedlung, ist ein 50 Hektar großes Paradies für Gartenfreunde. Mit Blumenrabatten und Schaugärten, Tierwiese und Spielplatz, Parkeisenbahn und histo-

rischem Jahrmarkt bietet er vielerlei Attraktionen für Groß und Klein, aber auch weitläufige Wiesen zum Ausspannen und Träumen. Ein absolutes Muss: der Blick aus luftiger Höhe vom Killesbergturm auf die Stadt!

Bleibt auf dem Rückweg noch Zeit, sollte man an der Haltestelle Türlenstraße nochmal aus der Stadtbahn aussteigen und einen Blick in die neue **Stadtbibliothek am Mailänder Platz** ㉕ werfen. Besonders eindrucksvoll ist der Blick vom obersten Geschoss in die sich nach unten verjüngende, umgedrehte Stufenpyramide mit den umlaufenden Bücherwänden.

Zur richtigen Zeit am richtigen Ort

Zur richtigen Zeit am richtigen Ort zu sein, das ist in Stuttgart kein Problem – der hochkarätig besetzte Kulturkalender macht jede Jahreszeit attraktiv. Und die großen Feste wie das Sommerfest, der Cannstatter Wasen und das Weindorf sind Publikumsmagneten, die Besucher von weit über Baden-Württembergs Landesgrenzen hinaus anziehen.

Frühling

> **Fasching:** Je nach Kalenderjahr wird etwa Mitte Februar in Bad Cannstatt ㊸ und den Neckarvororten die alemannische „Fasnettradition" hochgehalten. Höhepunkte der närrischen Tradition sind der „Schmotzige Donnerschdag" mit dem Kübelesrennen in Cannstatt, das in Holzzubern mit angeschraubten Rollen ausgetragen wird, und der große Umzug am Faschingsdienstag in der Innenstadt (www.faschinginstuttgart.de).

Termine
In den beiden **Stuttgarter Zeitungen** oder deren Internetseiten kann man sich gut über **tagesaktuelle Veranstaltungen** informieren. Das **Stuttgarter Stadtmarketing** weist ebenfalls auf Topevents hin und ermöglicht online mit einer Suchfunktion auch die gezielte Recherche nach Zeitraum oder Art der Veranstaltung.
> www.stuttgarter-zeitung.de
> www.stuttgarter-nachrichten.de
> www.stuttgart-tourist.de

Zur richtigen Zeit am richtigen Ort

> **Kinder- und Jugendbuchwochen:** Ende Februar, Anfang März geht es im Treffpunkt Rotebühlplatz um junge Leser (www.kinder-jugendbuchwochen.de).

> **Blickfang:** Im März zeigt die internationale Designmesse für Möbel, Mode und Schmuck in der Liederhalle (s. S. 44) das kreative Potenzial junger Gestalter und innovativer neuer Label. Ein weiterer Schwerpunkt ist Eco-Design (www.blickfang.com).

> **Kulinart:** Im März macht die Messe für Genuss und Stil im Römerkastell in Bad Cannstatt ⓵ Appetit auf mehr (www.kulinart-messe.de).

> **Lange Nacht der Museen:** Mitte März öffnen knapp 100 Museen, Ausstellungsorte und Kulturinstitutionen auch nachts. Shuttlebusse fahren Kunstinteressierte und Nachtschwärmer zu Kultur und Partys (www.lange-nacht.de).

> **Stuttgarter Kriminächte:** Die Lesereihe im März hat sich als Treffpunkt von Krimifreunden etabliert (www.stuttgarter-kriminaechte.de).

> **Slow Food Markt des guten Geschmacks:** Die Messe Mitte April richtet sich an regionale Produzenten und qualitätsbewusste Verbraucher von handwerklich produzierten Lebensmitteln (www.slowfood-messe.de).

> **Fair handeln:** Die Messe Mitte April bringt Produzenten und Verbraucher zusammen (www.fair-handeln.com).

> **Stuttgart barock:** Alle zwei Jahre im April widmen sich beim Musikfestival Ensembles von Weltruf der alten Musik. „Stuttgart barock" findet immer im Wechsel mit dem Festival „Intermezzo" statt (www.stuttgart-barock.de).

> **Porsche Tennis Grand Prix:** Ende April tragen Topspielerinnen des Damentennis Einzel- und Doppel-Matches in der Porsche-Arena (s. S. 45) aus und kämpfen dabei um Preisgelder und einen nagelneuen Porsche (www.porsche-tennis.de).

> **Frühlingsfest:** Ende April bis Mitte Mai findet auf dem Cannstatter Wasen sozusagen die kleinere Ausgabe des Wasen statt (www.stuttgarter-fruehlingsfest.de).

> **Museumsmesse für Angewandte Kunst:** Anfang Mai zeigen Kunsthandwerker im Alten Schloss (Landesmuseum Württemberg ⑨) außergewöhnliche Einzelstücke in höchster handwerklicher Qualität (www.landesmuseum-stuttgart.de).

> **Frühjahrsflohmarkt:** Mitte Mai. Neben dem wöchentlichen Samstagsflohmarkt auf dem Karlsplatz finden zweimal jährlich große Trödelmärkte statt, die sich über die gesamte Innenstadt erstrecken (www.flohmarkt-karlsplatz.de).

Sommer

> **Jazz Open Stuttgart:** Mitte Juli wird in Jazzklubs, der Musikhochschule, auf dem Schlossplatz und an anderen Orten ordentlich „gejazzt" (www.jazzopen.com).

> **MercedesCup:** Mitte Juli ist der TC Weißenhof Gastgeber für das große Championship-Turnier. Tennisspieler mit Weltklasseniveau kämpfen auf den Sandplätzen um Weltranglistenpunkte, Trophäen und Preisgelder (www.mercedescup.de).

> **Sommerfestival der Kulturen:** Mitte Juli wird der Marktplatz ⓮ beim mehrtägigen Festival zur Open-Air-Bühne. Das Programm entsteht unter Beteiligung von etwa 60 Kultur- und Migrantenvereinen aus rund 30 Ländern (www.forum-der-kulturen.de).

> **Sommerfest:** Anfang August verwandelt sich der Schlossplatz ⑤ mit weißen Zelten in einen eleganten Freiluftfestplatz (www.sommerfest-stuttgart.de).

> **Weindorf:** Ende August, Anfang September zieht das traditionelle Weindorf „Viertelesschlotzer" aus Nah und Fern in die Innenstadt (www.stuttgarter-weindorf.de).

> **Musikfest Stuttgart:** Von Ende August bis Mitte September stehen drei Wochen ganz im Zeichen der Musik. Das Klas-

OÖBst Abb.: gk

sikfestival versteht sich zugleich als Themenreihe, zuletzt gab von 2009 bis 2011 die Trilogie „Licht", „Nacht" und „Wasser" dem Programm die verbindende Klammer. 2012 steht ganz im Zeichen von „Glauben" (www.musikfest.de).

Herbst und Winter

> **Herbstflohmarkt:** Mitte September. Der zweite der beiden großen jährlichen Trödelmärkte, die sich über die gesamte Innenstadt erstrecken (www.flohmarktkarlsplatz.de).

> **Cannstatter Wasen:** Zwei Wochen lang geht es ab Ende September auf dem Volksfest und größten Schaustellermarkt Europas von mittags bis Mitternacht rund. Mit großem Umzug am ersten Volksfestsonntag und Musikfeuerwerk am letzten Sonntag (www.wasen.de und www.cannstatter-volksfest.de).

> **Französische Filmtage:** Anfang November findet in Tübingen und Stuttgart

Cannstatter Wasen

*Das **zweitgrößte Volksfest der Welt**, zu dem alljährlich über 300 Schausteller mit Fahrgeschäften aller Art anreisen, lockt jedes Jahr **rund vier Millionen Besucher** nach Bad Cannstatt* **43**. *Schon zum Fassanstich füllen sich die Bierzelte, auf den Bühnen sorgen schwäbische Bands mit „Wasen-Hits" für Stimmung und es wird auch nicht lange gezögert, auf Tische und Bänke zu steigen und ausgelassen zu feiern. Noch vor wenigen Jahren in ganz normaler Kleidung, aber inzwischen **in Tracht und Lederhose!** Die Stuttgarter Modeläden haben sich darauf eingestellt und dekorieren in der Vor-Wasenzeit ihre Schaufenster mit feschen Dirndln. In den **zehn Bier- und Wein**zelten - die großen regionalen Brauereien wie Dinkelacker, Schwaben Bräu und Stuttgarter Hofbräu sind alle vertreten - gibt es „Göckele" (Hähnchen), Rostbraten und Schweinshaxe als Grundlage für handfesten Getränkekonsum.*

*Die **Fruchtsäule**, mit vielen Früchten, Getreide und Gemüse geschmückt, ist das Wahrzeichen des Cannstatter Volksfests und erinnert noch heute an den Ursprung als **landwirtschaftliches Fest**, das 1818 der württembergische König Wilhelm I. erstmals eröffnete. Heute feiern beim „Schwabenfest" nicht nur Rheinländer und Gäste aus dem Ausland mit, sondern mittlerweile auch Münchner!*

das größte frankophone Filmfestival Deutschlands statt (www.filmtage-tuebingen.de).

❭ **Familie & Heim:** Die große Herbstschau der Stuttgarter Messe im November bietet alles für Hobbyköche, Heimwerker und Dekokünstler, zeigt neue Fitness- und Haushaltsgeräte und bietet Dienstleistern und Beratern rund ums Bauen, Wohnen und Geldanlagen ein Forum (www.messe-stuttgart.de).

❭ **Stuttgart German Masters:** Im November findet in der Hanns-Martin-Schleyer-Halle (s. S. 44) das internationale Reitturnier statt. Der Einladungswettbewerb wird in den Pferdesport-Disziplinen Dressur, Springen, Fahren, Voltigieren und Vielseitigkeit ausgetragen.

❭ **Stuttgarter Buchwochen:** Ende November, Anfang Dezember dreht sich drei Wochen lang alles um Bücher: Verlage präsentieren sich im Haus der Wirtschaft, Autoren lesen aus ihren Büchern, ein Gastland stellt eine Auswahl seiner literarischen Produktion vor und Filme, Podiumsdiskussionen, Schülermatineen flankieren das Programm (www.buchwochen.de).

❭ **Dekumo:** Anfang Dezember – pünktlich zur Vorweihnachtszeit – präsentiert die Design-, Kunst- und Modemesse in der Ex-Stadtbücherei im Wilhelmspalais stylische oder außergewöhnliche Produkte der Region (www.dekumo.de).

❭ **Weihnachtsmärkte:** Die festlich geschmückten Verkaufsbuden und Glühweinstände ziehen sich durch die ganze Innenstadt. Besonders stimmungsvoll wirkt der Schillerplatz ❿ mit seinen historischen Gebäuden. Die fantasievollste Dachdekoration wird jedes Jahr preisgekrönt.

◀ *Stets gut besucht – die Bierzelte auf dem Cannstatter Wasen*

Stuttgart für Citybummler

Stuttgart ist eine nüchterne Stadt, die sich dem Besucher erst auf den zweiten Blick erschließt, denn auf den ersten Blick fehlen ihr auftrumpfende Großbauten ebenso wie pittoreske Winkel.

Zuallererst fällt stattdessen auf, wie hier die **Gegensätze** unmittelbar aufeinanderstoßen – das Parkdeck neben dem historischen Giebelhaus, der Weinberg hinter dem Bürobau der Handelskammer, die durch die Innenstadt geschlagenen Autoschneisen und Kopfsteinpflaster im Bohnenviertel ⓲, Gründerzeitbauten und Bürgervillen neben „Banken-und-Versicherungs-Nullachtfuffzehn-Bauten", Zahnradbahn und Tiefbahnhof.

Der Charme Stuttgarts ist subtiler und womöglich gehört gerade auch die Stuttgarter Mischung – allerhand Schönheiten und Scheußlichkeiten in direkter Nachbarschaft – zu den Stärken der Schwabenmetropole. Auf den zweiten Blick ist Stuttgart **weltoffen, jung** und **überraschend modern.** Das Potenzial für Liebe auf den zweiten Blick jedenfalls ist groß, und man möchte der Stadt wünschen, dass sie die verborgenen Schätze hebt und die Verkehrssünden der Nachkriegszeit korrigiert.

Stuttgarts Stärken

Stuttgart kann man am besten zu Fuß entdecken. Die **Innenstadt** ist überschaubar und zwischen den Sehenswürdigkeiten im Zentrum gibt es kaum lange Wege. Zwei Bundesstraßen trennen die eigentliche City von den übrigen Stadtteilen. Ein Bummel entlang der **Königstraße** [C5 – E3] bietet erste Orientierung – rechts und links säumen historische und moderne Bauten diese zentrale Einkaufsmeile. Rund um den **Schlossplatz** 5 und den **Schillerplatz** 10, im **Kunstmuseum** 8, **Landesmuseum** 9, **Kunstgebäude** 6 und nur ein paar Schritte weiter in der **Staatsgalerie** 20 und im **Haus der Geschichte** 19 wird Kultur geboten. Aus dem Talkessel **auf die Hügel** gelangt man am besten mit den Straßenbahn- und Buslinien, dabei sind schon die Fahrt mit der **Zacke** (s. S. 101) oder der **Standseilbahn** 40 ein Erlebnis an sich. Das Ticket für die Busse der **Stuttgart Tour** (s. S. 122) ist zwar teurer, man kann aber aus- und wieder zusteigen und erhält in der Verbindung mit der StuttCard (s. S. 112) auch Ermäßigung bei den Eintritten.

Nirgendwo sonst kann man von so vielen **exponierten Orten** auf die Stadt blicken wie in Stuttgart: beispielsweise vom **Turm auf dem Killesberg** 22 und vom **Fernsehturm** 42 auf dem Bopser, von der **Uhlandshöhe** 33 und der **Karlshöhe** 39. Die zwischen Hügeln eingebettete, eingeengte Lage im nur nach Osten offenen, aber vom Neckar begrenzten Talkessel macht Stuttgart aber die **Stadtplanung** für die Zukunft nicht einfach. Ob die Verlagerung der Messe zum Flughafen oder Stuttgart 21, es wird kontrovers diskutiert.

Wer sich auch **Ausflugsziele** außerhalb der Stadt vornehmen will, kann sich noch auf den Weg zum Württemberg mit der **Grabkapelle** 45 machen. Lohnende Ziele in Zuffenhausen und rechts des Neckars sind die beiden **Automuseen von Porsche** 46 und **Mercedes-Benz** 44. Beide sind auch mit öffentlichen Verkehrsmitteln schnell und unkompliziert zu erreichen.

Viertel in citynaher Randlage

Zu Stuttgarts Stärken gehört auch das bunte, multikulturelle Leben in den Vierteln rund um die Innenstadt. **Bohnenviertel** und **Leonhardsviertel** 18 sind nur ein paar Straßenmeter von der City entfernt und trendige Ausgehadressen für all jene, die die Theodor-Heuss-Straße, kurz „Theo" genannt, und ihre umtriebige Klubszene zur No-go-Area erklärt haben. Aber auch zum Essen gehen im angesagten Bistro, Galeriebesuch oder gemütlichen Kaffeetrinken findet man beim Bummeln nette Adressen.

Das **Heusteigviertel** am Rande der Innenstadt, zwischen Wilhelmsplatz, Olgastraße, Filderstraße und Hauptstätterstraße, galt lange als nicht sonderlich attraktiv. Seit den 1990er-Jahren wurden die gut erhaltenen Gründerzeitbauten zu Schmuckstücken restauriert und das Viertel wurde zum angesagten Wohnquartier. Zentrale Achse ist die Heusteigstraße [C7–D6]. Hier und in den Querstraßen sind allerhand kreative Werkstätten, Läden und ein paar Lokale zu entdecken.

Auch im **Lehenviertel** und vor allem rund um den großzügig angelegten Marienplatz [B8] in Stuttgarts Süden gibt es noch große zusammenhängende Altbauquartiere, die dafür sorgen, dass das Viertel als Wohngegend „in" ist. In der in den 1870er-Jahren angelegten Lehenstraße sind noch prächtige Bauten aus Klassizismus und Jugendstil in weitgehend originalem Zustand erhalten. Der Ursprung des Viertel-Namens liegt im Mittelalter, als das Flurstück „Im Lehen" genannt wurde – nach dem Grund und Boden, den Adlige den Bauern gegen Abgaben zur Verfügung stellten. Auch hierher zieht es heute Kreative,

Mittagstisch im Heusteigviertel

Der Laden sieht noch immer wie eine Bäckerei aus, nur die Sitzbank im Schaufenster verrät, dass es hier jetzt italienischen Mittagstisch und gute Panini gibt.

📍1 [C6] **Attimi**, Weißenburgstr. 5, Haltestelle: Österreichischer Platz, U1, U14, Tel. 6405064, www.attimi.eu, Mo.–Fr. 8–20, Sa. 8–18, Küche 11.30–15 Uhr

die in prächtigen Vorderhäusern oder kleinen Hinterhäusern Werkstätten, Shops und Galerien eröffneten.

Das **Russenviertel**, das allerdings nicht offiziell so heißt, ist ein Stadtteil, in dem Olga-, Alexander-, Katharinen- und Werastraße nach Mitgliedern des Zarenhauses Romanow benannt wurden – darunter drei württembergische Königinnen. Ende des 19. Jahrhunderts zählten sie zu den vornehmsten Straßen der Stadt und auch heute werden die pompösen Gründerzeitbauten geschätzt.

▲ Kleine Läden und nette Lokale versorgen Bewohner und Besucher des Heusteigviertels

Architektur und Kultur

In Stuttgart sorgten Museumsbauten wie das **Mercedes-Benz-Museum** ④④, das **Porsche-Museum** ④⑥ und das **Kunstmuseum** für Furore. Auch auf die Spuren der Neuen Sachlichkeit können Architekturfreunde sich machen, und zwar vom **Tagblatt-Turm** ⑰ bis zur **Weißenhofsiedlung** ㉓. Allerdings schätzen Besucher Stuttgart nicht vorrangig wegen sensationeller Bauten – attraktiv macht die Stadt vor allem die lebendige **Kulturszene**. Neben Institutionen wie der schon mehrfach zum besten deutschen Opernhaus gekürten **Staatsoper,** dem weltberühmten **Ballettensemble** und dem großen renommierten **Orchester** der Stadt gibt es auch eine lebendige **moderne Musikszene**, engagierte **Kabarett- und Kleintheater**, viele **Lesebühnen** und **junge Galerien** und nicht zuletzt zahllose kleine und große **Festivals** im Jahreslauf, die mal den Schlossplatz zur riesigen Open-Air-Bühne machen und mal nur einen kleinen Kreis von Aficionados versammeln. Wer kann, sollte die regelmäßigen Angebote wie **Kunstpause** (s. S. 73), **Musikpause** (s. S. 74) oder **Stunde der Kirchenmusik** (s. S. 75) nutzen und sich vorab Karten für Jazz, Kleinkunst, Varieté oder große Oper besorgen, denn erst das macht einen Stuttgart-Besuch rundum perfekt.

Stadtspaziergang

Stuttgart ist für Besucher eine Stadt der kurzen Wege: Rund um Schlossplatz und Stiftskirche liegen die wichtigsten Sehenswürdigkeiten nah beieinander. Der folgende Vorschlag für einen Stadtrundgang lässt ausreichend Raum, das Flair der Stadt auf sich wirken zu lassen.

Ein Besuch von Stuttgart beginnt am besten schon im **Hauptbahnhof** ❶. An der Südseite der Ankunftshalle führt ein Aufzug in das 8. Stockwerk des Bahnhofsturms. Über eine kleine Treppe gelangt man von dort hinauf zur Aussichtsplattform. Direkt unter dem sich drehenden Mercedesstern eröffnet sich ein Panoramablick auf die Innenstadt und ihre zentrale Achse, die Königstraße. Umgeben von Hügeln und Weinber-

gen, die bis nah an Bahnhof heranreichen – von keinem anderen Ort erschließen sich Stuttgarts charakteristische Topografie und der Slogan „zwischen Wald und Reben", mit dem die Schwabenmetropole eine Zeitlang für sich warb, besser. In den Stockwerken darunter wird „Stuttgart 21" in einer aufwendigen Ausstellung mit vielen Plänen und Entwurfszeichnungen, einem pneumatischen Modell und Antworten auf kritische Fragen recht „pro" in Szene gesetzt – schließlich verantwortet die Bahn das Turmforum.

Durch die unterirdische **Klett-Passage** zwischen Bahnhof und Königstraße erreicht man mit wenigen Schritten die Fußgängerzone. Vorbei

010st Abb.: gk

> ### Routenverlauf im Stadtplan
> Der hier beschriebene Spaziergang ist mit einer farbigen Linie im Stadtplan eingezeichnet.

am i-Punkt, der Touristen-Information des Stuttgarter Stadtmarketings (s. S. 113), gelangt man durch die **Schlossgartenpassage** zum **Oberen Schlossgarten** ❷. Beim Frühstück im Café Schlossgarten (s. S. 36) bietet die Terrasse im Grünen einen schönen Blick in den Stadtpark.

An der Südseite des Parks stößt man auf die Gebäude des **Staatstheaters** (s. S. 43) – im nüchternen achteckigen Schauspielhaus begeistern Theaterinszenierungen das Publikum, im altehrwürdigen Opernhaus hochkarätige Opern- und Ballettaufführungen. Mitten in der Stadt am kleinen Eckensee gelegen und doch durch den Oberen Schlossgarten abgeschirmt vom Trubel, setzt das Ensemble einen attraktiven städtebaulichen Akzent. Der klassizistische Säulenbau für die Oper wurde um 1910 als Königliches Hoftheater von Max Littmann erbaut, die moderne, runderneuerte Theaterspielstätte stammt aus den frühen 1960er-Jahren. Das größte Dreispartenhaus der Welt wird von drei autonomen künstlerischen Intendanten und einem Geschäftsführer konstruktiv und kooperativ zusammengehalten.

▼ *Der Schlossplatz* ❺ *- eine grüne Oase mitten im Stadtzentrum*

Vorbei am **Landtagsgebäude** ❸, das mit gläserner Architektur auch für politische Transparenz stehen soll, erreicht man das **Neue Schloss** ❹ – so schön die Terrasse des Restaurants Plenum (s. S. 37) im Abgeordnetenhaus auch ist, für eine neuerliche Pause ist es noch zu früh.

Unübersehbar thront auf der Kuppel des **Kunstgebäudes** ❻ ein goldener Hirsch, das Wappentier Württembergs – vom Württembergischen Kunstverein wird das Haus für regionale und internationale Kunstschauen genutzt. Überquert man nun diagonal den **Schlossplatz** ❺, gelangt man zur **Königstraße** und zum gläsernen Würfel des neuen **Kunstmuseums** ❽. Das städtebauliche Schmuckstück setzt neben die historische, säulenverzierte Fassade des **Königsbaus** ❼ einen modernen Akzent. Die Treppenanlage dazwischen führt zum Kleinen Schlossplatz hinauf und ist ein beliebter Treffpunkt und Verschnaufplatz.

Von der Königstraße gelangt man durch einen Durchgang im Eckgebäude an der Planie zum **Schillerplatz** ❿ mit dem Schillerdenkmal in seiner Mitte. Im **Fruchtkasten** (s. S. 73), einem Renaissancebau vom Ende des 16. Jahrhunderts, wird die wertvolle Musikinstrumentensammlung des **Landesmuseums** ❾ präsentiert. Letzteres ist im **Alten Schloss** untergebracht, wo sich unbedingt ein Blick in den Innenhof empfiehlt. Außen noch eine Burg, ist die ehemalige Residenz der württembergischen Herzöge innen ein Renaissanceschloss mit schönen dreigeschossigen Arkaden.

Gleich nebenan schlüpft man durch schwere Türen in die **Markthalle** ⓬ und betritt eine andere Welt – die der Düfte und Genüsse, Aromen und Gewürze. Verlässt man sie auf der anderen Seite wieder, befindet man sich in der belebten Fußgängerzone und nahe der großen **Stiftskirche** ⓫ mit ihren beiden ungleichen Türmen. Die größte und älteste Kirche Stuttgarts ist ein markantes Wahrzeichen der Innenstadt, ein Relikt aus dem Mittelalter, das doch überraschend selbstverständlich in die neuere Umgebung eingebunden ist. Im Jahr 1543 wurde hier mit der ersten öffentlich en evangelischen Predigt im Herzogtum Württemberg die Reformation eingeleitet.

Für eine entspannte Mittagspause empfiehlt sich die **Alte Kanzlei** (s. S. 35) am Schillerplatz. Durch die Kirchstraße, ebenfalls Fußgängerzone und gesäumt von hübschen Läden, bietet sich ein Bummel zum **Marktplatz** ⓮ mit dem Rathaus, wo dreimal wöchentlich ein großer Wochenmarkt stattfindet, und zum benachbarten Kaufhaus Breuninger (s. S. 25), einer Stuttgarter Institution, an.

Jenseits der befahrenen Hauptverkehrsschneise der Hauptstätter Straße ist die evangelische **Leonhardskirche** die zweitälteste Kirche der Stadt, sie brannte aber 1944 ab und wurde vor allem im Innern nicht originalgetreu wiedererrichtet. Das auffallende, massive Gebäude an der Leonhardskirche, das **Gustav-Siegle-Haus**, dient heute mit mehreren Sälen als Veranstaltungsort der **Stuttgarter Philharmoniker** (s. S. 44) und beherbergt auch den **Bix Jazzclub** (s. S. 44).

Durch die Pfarrstraße gelangt man zur Weberstraße, wo der **Schellenturm** noch einen Eindruck von der einstigen Stuttgarter Stadtbefestigung vermittelt. Der Fachwerkbau, in dem heute eine **Weinstube** (s. S. 33) mit schwäbischer Küche residiert, erhebt sich auf einem der wenigen Überreste der ehemaligen Stadtmauer. Seinen Namen verdankt der Turm den Glöckchen, die verurteilte Straffällige an der Kleidung trugen, damit sie nicht unbemerkt fliehen konnten.

Wagner-, Brenner- und Rosenstraße, die Querstraßen der Weberstraße, gehören zum lauschigen **Bohnenviertel** ⓲ mit seinen Szenekeipen, netten Lokalen und Läden, Altbauten und Kopfsteinpflaster. Auch diese Stuttgarter Idylle ist nur durch eine mehrspurige Straße von der Innenstadt getrennt. In den historischen Gassen tickt die Uhr womöglich aber genau deswegen etwas langsamer als in der hektischen City.

Der Rosenstraße folgt man zurück Richtung Innenstadt und gelangt zur befahrenen Kreuzung am Charlottenplatz [E4]. Ist die Charlottenstraße überquert, erstreckt sich weiter nördlich längs der Konrad-Adenauer-Straße, der mehrspurigen Hauptverkehrsachse Stuttgarts, die **Kulturmeile** der Stadt. Das Ensemble von Museums- und Hochschulbauten geht auf einen städtebaulichen Wettbewerb von 1977 zurück, den ein Entwurf von James Stirling, Michael Wilford and Associates gewann. Nach dem Tod des britischen Stararchitekten im Jahr 1992 vollendeten Michael Wilford und Manuel Rupp die noch ausstehenden Bauten auf der Grundlage neuer Konzepte. Die schon zuvor bestehenden Kultureinrichtungen wie das Wilhelmspalais, in dem bis 2011 die Stadtbücherei untergebracht war, das Haus der Abgeordneten, das Hauptstaatsarchiv und die klassizistische Alte Staatsgalerie ergänzen die postmoderne **Neue Staatsgalerie** ⓴, das **Kammertheater**, das **Haus der Geschichte** ⓳ und die **Musikhochschule** (s. S. 44) zu einer groß angelegten Gebäudereihe, die terrassenartig in die Hanglage eingebunden

ist. Fußgängerwege und Freiflächen erschließen die Museumslandschaft, die bislang noch durch die stark befahrene Straße von der Innenstadt abgeschnitten ist. Eine begrünte Teilüberdeckelung soll in naher Zukunft die Kulturmeile besser integrieren. Gegenwärtig gelangen Fußgänger am besten durch die Unterführung am Haus der Geschichte zurück in Richtung Schlossgarten und Königstraße.

Stuttgart für Kauflustige

Rechts und links von Stuttgarts bekanntester Einkaufsmeile, der Königstraße, und in der Ladenpassage im Königsbau ❼ *findet man Exklusives und Exquisites. Ausgefallener wird es in der Eberhard- [C/D5] und der Sophienstraße [C5/6], Newcomer und junge Designer, von denen es in Stuttgart nicht wenige gibt, suchen sich erst mal preiswertere Lagen am Rand der Innenstadt.*

Die **Königstraße** (www.koenigstr. de) ist nicht nur die älteste und längste Fußgängerzone Deutschlands, sie kann sich auch, was den Bekanntheitsgrad angeht, mit der Düsseldorfer Königsallee, der Hohen Straße in Köln oder der Frankfurter Zeil messen. Durch die Stuttgarter Hauptgeschäftsstraße schieben sich an Spitzentagen bis zu 100.000 Menschen. Praktischerweise beginnt die zentrale Einkaufsmeile direkt am **Hauptbahn-**

Shoppingareale

Die wichtigsten Shoppingbereiche der Stadt sind im Kartenmaterial mit einer rötlichen Fläche markiert.

Stuttgart für Kauflustige

hof ❶ und zieht sich als Längsachse durch die ganze Innenstadt. Gleich neben dem Aufgang aus der unterirdischen Klett-Passage versorgt Stuttgart-Marketing im i-Punkt (s. S. 113) auch mit Shoppingtipps und eigens gedruckten Shoppingstadtplänen, im Winter auch für die Weihnachtsmärkte. Nahe dem Bahnhof säumen Filialisten, Schuh- und Textilgeschäfte die Einkaufsstraße, jenseits des Schlossplatzes ❺ werden die Boutiquen immer edler (und die höchsten Ladenmieten der Stadt gezahlt). Dort haben die noblen Läden auch die Nachbarstraßen okkupiert. In den **Königsbau-Passagen** ❼ haben sich das Design-Kaufhaus Stilwerk, ein großer Medienhändler und zahllose einzelne Geschäfte zu einer großen innerstädtischen Einkaufspassage auf mehreren Ebenen gruppiert. Das

Shoppingareal der Stuttgarter Innenstadt reicht auch rund um die Stiftskirche ⓫, den Marktplatz ⓮ und das Kaufhaus Breuninger (s. S. 25) bis in die Eberhardstraße [C/D5]. Die **Schulstraße** [D4] wurde in den 1950er-Jahren sogar auf zwei Geschossebenen angelegt, allerdings ist heute der Publikumsverkehr ebenerdig weitaus größer als der auf den Terrassen in Höhe des ersten Stockwerks.

Das **Gerberviertel,** das ohnehin direkt an die Geschäftsstraßen der City grenzt, entwickelt sich ebenfalls immer mehr zur Shoppingadresse. In und rund um die Sophienstraße [C5/6] haben sich Boutiquen mit Trendklamotten und kleine Läden für Unterwäsche, Asia-Importe, Espresso, Schmuck oder Westernstiefel angesiedelt. Zwischen Tübinger und Marien-, Sophien- und Paulinenstraße klafft noch eine riesige Baulücke, die ein großer Gebäudekomplex mit Flächen für rund 75 weitere Ladenlokale füllen soll. Voraussichtlich 2014 sollen hier viele weitere Geschäfte einziehen können.

Ein Erlebnis für sich ist die **Markthalle** ⓬. Im Stuttgarter „Schlaraffenländle" gibt es Genüsse aus vielen Ländern, insbesondere aber mediterrane und „gut schwäbische" Spezialitäten. Mehr als zwei Dutzend **Wochenmärkte** finden regelmäßig in den Stuttgarter Stadtteilen statt, insbesondere die dreimal wöchentlich auf Marktplatz und Schillerplatz stattfindenden Märkte sind auch für Besucher lohnend (s. S. 26).

011st Abb.: gk

◀ *Modisches gibt es auf mehreren Etagen im Kaufhaus Breuninger (s. S. 25)*

Made in Stuttgart

Stuttgarter Designer kann man nicht nur vor Ort entdecken, sondern auch im Internet. Kleine **Onlineshops** animieren zum Stöbern – nach Taschen (www.abteil.info), Kalendern, Tapenstickern und Postkarten (www.gluecksssachen.de und www.papierpiraten.com), Geschenken (www.kultstuecke.de), Dessous (www.rispetto-lingerie.de) oder fair produzierter Mode (www.eco-carrots.com und www.gluecksstoff.de). Wessen Herz für Stuttgart schlägt, findet T-Shirts und mehr im 0711 Store (www.s-t-g-t.de).

Als ortstypische **Mitbringsel** sind Hochlandkaffee und Produkte von der Schwäbischen Alb wie Alblinsen und andere Kulinaria geeignet, die man in der Markthalle, aber auch in vielen anderen Geschäften überall in der Stadt erhält. Weitere typische Souvenirs sind T-Shirts und Taschen, die mit der Silhouette des Fernsehturms oder 0711 als Stuttgart-Vorwahl bedruckt wurden. Im **Museumsshop** des Landesmuseums ❾ gibt es Repliken von Ausstellungsstücken, Ausschneidebögen und Puzzles. In den Museumsshops von Mercedes-Benz-Museum ⓮ und Porsche-Museum ㊻ sind Modellautos und Designstücke erhältlich, in der Staatsgalerie ⓴ originelle Kunstobjekte und Bildbände.

Bücher

🔖**2** [E2] **k Presse & Buch im Hauptbahnhof,** Arnulf-Klett-Platz, Haltestelle: Hauptbahnhof, U5, U6, U7, U9, U12, U14, U15, S1, S2, S3, S4, S5, S6, www.valoraretail.de, Tel. 222920455, Mo.–Sa. 5.30–23, So. 6–23 Uhr. Die Bahnhofsbuchhandlung bietet lange Öffnungszeiten und eine große Auswahl an Presseerzeugnissen und Taschenbüchern.

🔖**3** [D5] **Lindemanns Buchhandlung,** Nadlerstr. 4, , Haltestelle: Stadtmitte/Rotebühlplatz, U2, U4, U14, S1, S2, S3, S4, S5, S6, Tel. 2489990, www.lindemanns-buchhandlung.de, Mo.–Fr. 10–19, Sa. 9.30–18.30 Uhr. Die Buchhandlung liegt direkt hinter dem Rathaus. Schwerpunkte sind Fotografie, Reiseliteratur, Kinder- und Jugendbücher sowie Belletristik.

🔖**4** [gk] **Roth Buch & Papier,** Augsburger Str. 360, www.buchhandlung-roth.de, Tel. 331212, Mo.–Do. 9–13.30, 14.15–18, Fr. 9–18, Sa. 9–13 Uhr. Neben Büchern gibt es in der Untertürkheimer Buchhandlung auch Karten, Bürobedarf, Bastelmaterial und Spiele.

🔖**5** [D5] **Under-Cover Krimi & Hörbuch,** Nesenbachstr. 50, Haltestelle: Stadtmitte/Rotebühlplatz, U2, U4, U14, S1, S2, S3, S4, S5, S6, Tel. 2349943, www.under-cover.de, Mo.–Fr. 10–19, Sa. 10–16 Uhr. Die Buchhandlung im Gerberviertel hat sich auf Krimis und Hörbücher spezialisiert.

🔖**6** [D4] **Wittwer,** Königstr. 30, Haltestelle: Schlossplatz, U5, U6, U7, U12, U15, Tel. 25070, www.wittwer.de, Mo.–Sa. 9–20 Uhr. Die Buchhandlung an der Königstraße ist die größte der Region.

Mode

🔖**7** [D4] **Abseits,** Kleiner Schlossplatz 13–15, Haltestelle: Schlossplatz, U5, U6, U7, U12, U15, Tel. 621451, www.abseitsgermany.com, Mo.–Fr. 10–20, Sa. 10–19 Uhr. Der Luxusshop führt hochkarätige deutsche Designerlabels und angesagte internationale Mode-Brands, vieles exklusiv.

🔖**8** [C4] **Angela Grashoff,** Calwer Str. 26, Haltestelle: Stadtmitte/Rotebühlplatz,

Stuttgart für Kauflustige

U2, U4, U14, S1, S2, S3, S4, S5, S6, Tel. 296703, www.angela-grasshoff. com, Mo.–Fr. 10–18.30, Sa. 10–16 Uhr. Die Inhaberin führt Designermode aus edlen Materialien und in hochwertiger Verarbeitung wie das italienische Stricklabel Isabel Benenato oder die wunderbaren Schals von Suzusan, die der Japaner Hiroyuki Murase entwirft.

🔒**9** [D5] **Glore,** Eberhardstr. 10, Haltestelle: Rathaus, U1, U2, U4, Tel. 50451444, www.glore.de, Mo.–Sa. 10–19 Uhr. Der *green concept store* versteht sich als Weltladen einer neuen Generation – nur „globally responsible fashion" wird ins Sortiment genommen, also fair gehandelte und fair produzierte Mode.

🔒**10** [C5] **Horst Wanschura,** Kronprinzstr. 28, Haltestelle: Stadtmitte/Rotebühlplatz, U2, U4, U14, S1, S2, S3, S4, S5, S6, Tel. 296720, www.horstwanschura. de, Mo.–Fr. 10–19, Sa. 10–18 Uhr. Wanschura führt exklusive Designerlabels von Issey Miyake bis Ann Demeulemeester, nicht nur Herren- und Damenmode, sondern auch Schuhe, Brillen und Taschen.

🔒**11** [C4] **Kauf Dich Glücklich,** Lange Str. 6, Haltestelle: Stadtmitte/Rotebühlplatz, U2, U4, U14, S1, S2, S3, S4, S5, S6, www.kaufdichgluecklich-shop.de, Tel. 72230200, Mo.–Sa. 11.30–20 Uhr. Die Designer entwerfen selbst tragbare junge Mode, führen im Laden aber auch Trendlabels aus Skandinavien wie Minimum, Modström oder Nümph. Von der Wollmütze bis zur Pünktchensocke kann sich Frau oder Mann hier einkleiden, passende Taschen und Schuhe gibt es auch.

🔒**12** [C5] **L'Auf(brezel)steg,** Breite Str. 4, Haltestelle: Stadtmitte/Rotebühlplatz, U2, U4, U14, S1, S2, S3, S4, S5, S6, www.blutsgeschwister.de, Tel. 72233268, Mo.–Fr. 12–20, Sa. 12–18 Uhr. Farbenfrohes, Geblümtes, Witzi-

ges, Verspieltes und Schräges von Jungdesignern des Labels Blutsgeschwister. Die Stuttgarter Designerin Karin Ziegler nennt ihre Kollektion Dolcevita Soulwear. Das Label expandierte fleißig in andere Städte wie Berlin und Köln und bietet inzwischen auch andere Kollektionen: Blutsbaby für Kleinkinder, Wonderglasses für Brillen, außerdem Wohnaccessoires und Taschen.

🔒**13** [D4] **Maute-Benger,** Königstr. 44, Haltestelle: Stadtmitte/Rotebühlplatz, U2, U4, U14, S1, S2, S3, S4, S5, S6, Tel. 294164, www.maute-benger.de, Mo.–Sa. 10–20 Uhr. Fast 1000 m² und mehrere Etagen mit Bademode, Dessous, Bade- und Morgenmänteln – das alteingesessene Familienunternehmen hat die einstige „Wirkwaren"-Werkstatt für Mieder, Strümpfe und Leibchen im Lauf der Generationen zum großen Wäschekaufhaus erweitert.

🔒**14** [C6] **Night Delight,** Sophienstr. 15, Haltestelle: Österreichischer Platz, U1, U14, Tel. 6338433, www.nightdelight. net, Mo.–Fr. 11–20, Sa. 11–18 Uhr. In der kleinen Dessous-Boutique von Ulrike Drucher gibt es zarte Wäsche, feine Morgenmäntel und feminine Nachtkleidchen. Ein *must-have* sind auch die Stücke der Eigenmarke Ecoline aus ökologischen Materialien und so sexy wie gemütlich.

🔒**15** [D3] **The FlashGib,** Lautenschlagerstr. 22, Haltestelle: Friedrichsbau, U9, U14, Tel. 46059020, www.theflashgib.com, Mo.–Sa. 11–20 Uhr. Der *concept store* lädt wie eine Galerie verschiedene Mode-Brands ein, außerdem gibt es coole Accessoires wie Kopfhörer von Urbanears oder Uhren und Sonnenbrillen von Komono. Ein DJ sorgt für Musik.

▶ *Nicht nur zur Weihnachtszeit beliebt: Lebkuchen der Traditionsbäckerei Schmidt*

Kaufhäuser und Ladenpassagen

🛑**16** [D5] **Breuninger**, Marktstr. 1–3, Haltestelle: Rathaus, U1, U2, U4, Tel. 2110, www.breuninger.com, Mo.–Fr. 10–20, Sa. 9.30–20 Uhr. Das Traditionshaus hat schon sein 130-jähriges Bestehen gefeiert. Auf 35.000 m² und sechs Etagen bietet das Warenhaus exklusive Marken in Mode-, Accessoire-, Sportswear- und Schuh-Abteilungen. Der Parfümerie- und Beauty-Bereich wurde noch vergrößert und führt knapp 200 Marken – vom Chanel-Duft bis zur Handcreme von Kiehl's und Lippenstiften von Kanebo reicht das Sortiment. Zur Shoppingpause lädt Karls Kitchen (s. S. 32) in der obersten Etage. Unten, in der Karls Passage, verführt die Confiserie mit süßem Naschwerk.

7 [D3] **Königsbau-Passagen.** Mehr als 80 Läden, als größter Saturn, sind in der Passage Untermieter. Im Design-Kaufhaus Stilwerk im zweiten und dritten Obergeschoss hat Ikarus, ursprünglich ein Versandhaus, ein Ladengeschäft eröffnet, außerdem sind Ligne Roset, Kartell, Ramsaier, Dreipunkt, Tobias Grau, Uhl und andere Läden für Einrichtung, Design und Lifestyle vertreten.

Kulinarisches und Märkte

🛑**17** [D4] **Feinkost Böhm**, Kronprinzstr. 6, Haltestelle: Schlossplatz, U5, U6, U7, U12, U15, www.feinkost-boehm.de, Tel. 227560, Mo.–Do. 10–20, Fr., Sa. 9–20 Uhr. Delikatessen in großer Auswahl auf rund 1400 m² Ladenfläche, abgepackt oder lose an Käse- und Wurst-, Fisch- und Fleischtheke. Verführerisch sind auch das Büfett mit Feinkostsalaten und die Patisserie – die Stuttgarter Feinkost-Institution kann mit Peck in Mailand oder Hédiard und Fauchon in Paris ohne Weiteres mithalten. Im Restaurant wird man von 11.30

bis 19 Uhr durchgehend verköstigt, in der Sushi-Bar zur Mittagszeit und abends 18 bis 21.30 Uhr.

🛑**18** [D4] **Hochland Kaffee**, Kirchstr. 10, Haltestelle: Rathaus, U1, U2, U4, Tel. 241902, www.hochland-kaffee.de, Mo.–Mi. 8.30–18.30, Do., Fr. 8.30–19, Sa. 8.30–18 Uhr. Schon seit 1930 wird von der Manufaktur hochwertiger Rohkaffee in zeitaufwendiger Trommelröstung verfeinert. Die beliebten Hochland-Marken der Stuttgarter Kaffeerösterei bekommt man im hübschen Laden ebenso wie eigene Schokoladenspezialitäten und schöne Geschenkkartons. Genussvoll trinken kann man den Filterkaffee in den Holanka-Bars in der Kirchstr. 6b, im Buchhaus Wittwer (s. S. 23) sowie im Café in der Königstr. 7.

🛑**19** [D5] **Lebkuchen-Schmidt**, Hirschstr. 14, Haltestelle: Rathaus, U1, U2, U4, Tel. 28040070, www.lebkuchen-schmidt.com, Mo.–Fr. 9.30–14 und 15–18.30, Sa. 9.30–12.30 und 13–16 Uhr. Hier gibt es ganzjährig köstliche Varianten von Lebkuchen in Retrodosen und -verpackungen.

12 [D4] **Markthalle.** Auf 5000 m² locken knapp 40 Feinkoststände Einheimische und Besucher an.

🛑**20** [D4] **Weinhandlung Kreis**, Münzstr. 10, Haltestelle: Charlottenplatz, U1, U2, U4, U5, U6, U7, U12, U15,

013st Abb.: gk

Tel. 2484330, www.wein-kreis.de, Mo. 12–19, Di.–Fr. 10–19, Sa. 10–18 Uhr. Weinhändler Bernd Kreis engagiert sich für handwerklich arbeitende Winzer, die charaktervolle und individuelle Weine herstellen, und er bewirtschaftet einen Weinberg am Degerlocher Scharrenberg! Neben dem Laden an der Markthalle gibt es das Hauptgeschäft in Stuttgart-

EXTRATIPP

Flohmarkt Karlsplatz
Seit über 25 Jahren ist der samstägliche Flohmarkt auf dem Karlsplatz ⑬ eine **Stuttgarter Institution** für Schnäppchenjäger. Jung und Alt feilschen hier um Sammlerobjekte oder Trödel. Das **Kantinchen**, ein Wagen mit Stammplatz auf dem Gelände, hält **ökologisch korrekte Imbisse** bereit. Frühstück, Suppen, Salate, Waffeln und Kuchen, alles wird aus Biozutaten selbst gemacht.
› www.flohmarkt-karlsplatz.de, Sa. 8–16 Uhr, www.kantinchen.com

Süd in einer ehemaligen Fabrik in der Böheimstraße.
› **Wochenmärkte,** www.maerkte-stuttgart. de: **Marktplatz** ⑭, Di., Do. 7–13, Sa. 7–13.30 Uhr. Der größte Markt nach dem in Bad Cannstatt zählt mehr als 50 Stände, darunter viel Obst und Gemüse aus der Region. **Schillerplatz** ⑩, Di., Do. 7–13, Sa. 7–13.30 Uhr. Auf dem Schillerplatz sind etwas mehr als 20 Stände vertreten. **Wilhelmsplatz** [D5/6], Fr. 12–18 Uhr. Auf dem Markt im Heusteigviertel finden sich rund ein Dutzend Stände. **Bismarckplatz,** Di., Do., Sa. 7–12.30 Uhr. Markt in Stuttgart-West.

Originelle Spezialgeschäfte

🏷**21** [D4] **Alte Tabakstube,** Schillerplatz 4, Haltestelle: Schlossplatz, U5, U6, U7, U12, U15, www.altetabakstube.de, Tel. 292729, Mo.–Fr. 9.30–19, Sa. 9.30–17 Uhr. Zigaretten, Zigarillos, Tabak und exquisite Zigarren, außerdem eine schöne Auswahl an Spirituosen, darunter eigene Abfüllungen von Cognac und Whisky, sowie Glaskaraffen.

🏷**22** [D5] **Artani,** Eberhardstr. 31, Haltestelle: Rathaus, U1, U2, U4, Tel. 2369151, www.artani.de, Mo. 13–19, Di.–Fr. 10–19, Sa. 10–18 Uhr. Das Stuttgarter Schmucklabel Langani zeigt hier seinen Modeschmuck. Daneben werden außergewöhnliche Goldschmiede-, Glas-, Holz- und Porzellanarbeiten präsentiert. Infos zum Werkstattverkauf bei Langani unter www.langani.de, in der Regel erster Mi. und erster Fr. im Monat.

◄ *Auf den Wochenmärkten bieten die Händler vorwiegend regionale Produkte an*

🔴**23** [D6] **Boots by Boots,** Gerberstr. 5f, Haltestelle: Österreichischer Platz, U1, U14, Tel. 6498955, www.bootsbyboots. de, Mo.–Mi. 10–18.30, Do., Fr. 10–20, Sa. 10–18 Uhr. Mit rund 850 Modellen gibt es hier die größte Auswahl an Biker-boots, Cowboy- und Westernstiefeln in ganz Deutschland. Auch in Übergrößen und für Kinder!

🔴**24** [E4] **Einklang,** Charlottenstr. 1, Halte-stelle: Charlottenplatz, U1, U2, U4, U5, U6, U7, U12, U15, Tel. 2348771, www. einklang.de, Mo.–Fr. 10–19, Sa. 10–18 Uhr. Klassik-, Jazz- und Weltmusik-LPs und -CDs in großer Auswahl und inklusive fachkundiger Beratung.

❭ **Merz & Benzing,** Markthalle ⑫, Tel. 239840, www.merz-benzing.de, Mo.–Fr. 9.30–19, Sa. 9–18 Uhr. Unter dem Glasdach der historischen Markthalle verläuft ringsherum eine Empore. Dort bietet dieses Lifestyle-Kaufhaus Stilvol-les, Dekoratives und Nützliches für Woh-nung, Küche und Garten.

🔴**25** [C4] **Steiff Galerie,** Calwer Str. 17, Haltestelle: Stadtmitte/Rotebühlplatz, U2, U4, U14, S1, S2, S3, S4, S5, S6, Tel. 2200472, www.steiff.de, Mo.–Fr. 10–18, Sa. 10–16 Uhr. Der Teddybär ist ein Klassiker. Neben anderen Kuschel-tieren mit dem Knopf im Ohr in großer Auswahl gibt es auch Sammlerstücke. Jedes Jahr bringt das Giengener Unter-nehmen etwa 200 neue Tierchen auf den Markt.

🔴**26** [B4] **Stuttgarter Verkehrs- und Eisen-bahn-Paradies,** Leuschnerstr. 35, Halte-stelle: Berliner Platz, Tel. 6159303, www.stuttgarter-eisenbahn-paradies.de, Mo., Di., Do., Fr. 10–13.30 und 14.30–18.30, Mi., Sa. 10–13.30 Uhr. Hier gibt es Modelleisenbahnen aus zweiter Hand von Märklin bis Wiking, außerdem ein großes Sortiment an DVDs, Büchern und Zeitschriften zu allem, was mit Straßen-, Bahn- und Flugverkehr sowie Schifffahrt zu tun hat.

🔴**27** [D5] **Tausche,** Eberhardstr. 51, Haltestelle: Rathaus, U1, U2, U4, Tel. 4148490, www.tausche.de, Mo.–Fr. 11–19, Sa. 11–18 Uhr. Die Taschen des Labels sind Verwandlungskünstler. Es gibt sie in vielen Farben und Materialien. Der Clou: Stylische Hüllen werden per Reißverschluss an der Tasche befestigt. Zwei Deckel gehören zur Grundausstat-tung – im Nu ein neuer Look.

🔴**28** [D4] **Tritschler,** Marktplatz 7, Haltestelle: Rathaus, U1, U2, U4, Tel. 22249320, www.tritschler.com, Mo.–Sa. 9.30–19 Uhr. Das Traditionshaus für Tischkultur (seit 1723 in Stuttgart) bietet auf 3000 m² und mehreren Etagen Glas, Porzellan, Besteck, Küchengeräte, Haus-haltswaren und Wohn-Deko. Ausgefal-leneres gibt es in der Lifestyle-Depen-dance in der Königstraße 44.

EXTRATIPP

Shop 'n' Stop

Eine Verschnaufpause während oder nach dem Shopping bietet das Kauf-haus Breuninger mit seinem Res-taurant **Karls Kitchen** (s. S. 32). Die Szeneboutique **Kauf Dich Glücklich** (s. S. 24) hat im Obergeschoss eine Café-Lounge eingerichtet, das Traditi-onsunternehmen **Tritschler** (s. S. 27) eine kleine Espressobar und in der **Markthalle** ⑫ laden gleich meh-rere Lokale zum Boxenstopp. **Fein-kost Böhm** (s. S. 25) bietet neben dem eigenen Restaurant auch ein paar Stehtische und Plätze an der Bar sowie ein hervorragendes Sushi-Lokal, vor dem man mittags Punkt zwölf gerne Schlange steht. Beliebt ist außerdem die Holanka-Bar im **Buchhaus Wittwer** (s. S. 23), im Som-mer mit Terrassenplätzen auf dem Kleinen Schlossplatz. In den Königs-bau-Passagen ⑦ lädt **Martha's** zur ökologisch korrekten Currywurst.

Stuttgart für Genießer

Feinschmecker kommen in der Region Stuttgart ganz auf ihre Kosten, nicht nur in den mehr als ein Dutzend Sternelokalen, sondern auch sonst regt sich eine vielfältige und ambitionierte Gastronomieszene.

Essen und Trinken

Die **schwäbische Küche** ist bekannt dafür, ausgesprochen wohlschmeckend zu sein. Die Nationalgerichte wie **Käsespätzle** und **Maultaschen** sind denn auch auf den Speisekarten allgegenwärtig. In manchen Weinstuben und schwäbischen Wirtshäusern, die etwas auf sich halten, gilt sogar: „Mir kennad au Hochdeitsch, mir wellad bloß net". Dann muss sich der Zugereiste so etwas wie **Brägela** eben als „Bratkartoffeln" erklären lassen. Zu den Klassikern unter den regionalen Gerichten gehören auch **Zwiebelrostbraten, Flädlesuppe, Fleischküchle** (Frikadellen), **Bubespitzle** (Schupfnudeln aus Kartoffelteig) mit Sauerkraut und **Gaisburger Marsch**, ein gehaltvoller Eintopf. Maultaschen werden in Brühe oder mit geschmelzten (geschmolzenen) Zwiebeln serviert, dazu gibt es Kartoffelsalat. Nicht jedermanns Sache sind **Saure Nieren** und **Kutteln**. Wer auf **Süßes** steht, sollte unbedingt den **Träubleskuchen** probieren (den schwäbischen Johannisbeerkuchen), **Ofenschlupfer** (einen süßen Auflauf), Pfitzauf (ein Soufflée) oder je nach Saison auch **Hollerküchle** (ausgebackene Holunderblüten) oder **Apfelküchle**.

„Schmeck den Süden", „Made im Ländle" oder „Echt Alb, echt gut" heißen Initiativen in Baden-Württemberg, mit denen der **Trend zu regionalen Qualitätsprodukten** unterstützt wird und Gastronomen und Produzenten sich vernetzen. Unter den heimischen Erzeugnissen sind neben **Wein** und **Filderkraut** insbesondere das **Schwäbisch-Hällische Landschwein** und das **Hohenloher Rind** zum Begriff geworden. Auch Produkte von der Schwäbischen Alb in Bioqualität wie **Alb-Linsen, Alb-Dinkel**, der **Büffelkäse Albzarella** und **Fleisch vom Alb-Lamm** werden gemeinsam vermarktet – Traditionspflege geht hier ganz mit der Zeit. Von der urigen Weinstube bis zum modernen Bistro reicht die Bandbreite ansprechender Lokale, die sich der regionalen Küche verschrieben haben, mal mit mehr traditioneller, mal mit innovativer Tendenz.

> www.echtalb.de, www.schmeck-den-sueden.de, www.made-im-laendle.de

Die **Weine** des Südwestens, insbesondere der Trollinger als leichter Tischwein, hatten lange keinen guten Ruf. Inzwischen haben zahlreiche Winzer Ehrgeiz entwickelt und bauen die heimischen Rebsorten zu **qualitativ hochwertigen Weinen** aus. In manchen Lokalen spiegelt sich die Einschätzung noch beim Einschenken wider: Den einfacheren **Vierteleswein** trinkt man aus dem Weinseidel mit Henkel, den edlen Tropfen aus dem Weinglas mit Stiel. Doch auch das Niveau lokaler Gewächse steigt, hier wie anderswo besinnen sich innovative Winzer auf **Terroir**, also auf die heimische **Tradition und Eigenart**. Der nicht mit einem Wort zu übersetzende französische Begriff umfasst zugleich Erde, Boden (Durchlässigkeit und -feuchte), Landschaft,

▶ *In Stuttgart heißen Weinberge „Wengert" und die Winzer „Wengerter" (Weingärtner)*

Weinbau in der Großstadt

014st Abb.: gk

*In Stuttgart reichen die **Weinberge** bis in das Stadtzentrum, bereits wenige Meter vom Hauptbahnhof ❶ entfernt gedeihen Rebstöcke. Auf rund zwei Prozent der Stadtfläche und in 16 von insgesamt 23 Stadtbezirken wird Weinbau betrieben, **meist als Nebenerwerb.** Vermutlich könnten für die Areale in Innenstadtlagen exorbitante Quadratmeterpreise erzielt werden, würden sie zu Bauland deklariert ... Stuttgart selbst ist unter den deutschen Großstädten die **größte Weinbaugemeinde** und auch Eigentümerin eines **städtischen Weinguts,** das neben Cannstatter Steillagen am Neckar auch innerstädtische Rebflächen bewirtschaftet.*

***Württemberg** mit seinen 11.500 Hektar Rebflächen ist Deutschlands **viertgrößtes Weinbaugebiet.** Wie in Württemberg überhaupt wird auch in der Landeshauptstadt vor allem **Rotwein** produziert. Spezialität und schwäbischer Hauswein ist der **Trollinger,** ein leichter Rotwein, der schon bald nach der Lese weggetrunken wird. Gehaltvoller ist die andere*

*seit Langem heimische Rebe, der **Lemberger,** gefolgt vom **Spätburgunder.***

*Das **Weinbaumuseum** (s. S. 47) in Uhlbach macht mit der Arbeit der Winzer, hier Wengerter (Weingärtner) genannt, in früheren Zeiten und heute vertraut. Zu den Ausstellungsstücken zählt beispielsweise eine mächtige Weinpresse (Torkel) aus dem Jahr 1885. In Uhlbach, Stuttgarter Stadtteil und idyllischer Weinort mit 750-jähriger Anbautradition, ist ein Museum zur Weinbaugeschichte genau richtig angesiedelt, zudem ist die Ausstellung in der historischen Ortskelter untergebracht. Im eigenen „Weinstüble" können Stuttgarter Weine auch verkostet werden.*

*Vier Monate im Jahr dürfen die **Besenwirtschaften** öffnen. Sie dürfen maximal 40 Sitzplätze haben und nur einfache Speisen anbieten. Weil der selbst angebaute Wein dann ohne Konzession im Garten oder einem Schuppen ausgeschenkt wird, müssen die Winzer sich an diese Regeln halten.*

❯ ***Infos** unter www.wwg.de und www.besenwirtschaften.de*

Stuttgart für Genießer

Sonne und Wärme, Niederschläge, Mikroklima und Hangneigung. Dass große internationale Kellereien mit weltweitem Export ihre Weine immer gleich ausbauen, schreckt manchen Weintrinker auch ab. *Terroir* und regionale Rebsorten sind daher bei Kennern Trend, davon profitieren auch die Württemberger Weine. Allerdings: *Terroir* schafft den Charakter des Weins, der Mensch die Qualität.

Baden-Württemberg ist zwar das viertgrößte deutsche Anbaugebiet für Wein, aber auch Hopfengetränke werden hier gerne genossen. Die großen **Brauereien** sind mit Retro-Bieren auch beim jungen Publikum erfolgreich, etwa Dinkelacker mit „Wulle" in der Bügelflasche. Eine ähnliche Erfolgsgeschichte verzeichnete Schussenrieder mit dem naturtrüben Bier „Original No 1", ebenfalls in der Bügelflasche. Auch Rothaus Tannenzäpfle aus dem Schwarzwald entwickelte sich zum Kultbier.

Gastronomie

Dass die Schwaben außer „Schaffe" und „Häusle baue" auch zu genießen wissen, zeigt am besten die Vielfalt des kulinarischen Angebots. Neben der bodenständigen Esskultur mit schwäbischen Traditionsgerichten sind in Stuttgart auch einige mit Michelin-Stern ausgezeichnete Restaurants zu finden. Besenwirtschaften und urgemütliche Weinstuben pflegen ihre „Viertelesschlotzer", wie

Preiskategorien

Die Preiskategorien beziehen sich auf ein Hauptgericht ohne Getränke.

€	unter 10 €
€€	10–20 €
€€€	über 20 €

Weintrinker im Schwäbischen heißen, aber auch trendige Locations wie das Cube können sich über mangelnde Reservierungen nicht beklagen. In Straßencafés wird schwäbisches Dolce Vita geübt und das neue Image regionaler Weine und Lebensmittel in Zeiten von Slow Food und „Terroir" beschert auch zum kleineren Preis höchsten Genuss.

In der Stuttgarter **Innenstadt** sind die Wege kurz und ein Lokal nie weit. Wer spontan beim Bummel durch die Fußgängerzone nach einer Einkehrmöglichkeit sucht, findet garantiert in der **Calwer Straße** ⑮ eine Adresse. Die schmale Straße mit ihren hübschen denkmalgeschützten Giebelhäusern eine „Fressmeile" zu nennen, täte ihr aber Unrecht. Hier reihen sich internationale Restaurants aneinander und im Sommer bieten alle auch Plätze vor der Tür. Gezielte Tipps für einen Restaurantbesuch finden sich außerdem hier:

Restaurants

🔟29 [bl] **Augustenstüble** €€€, Augustenstr. 104, Haltestelle: Schwabstraße, S1, S2, S3, S4, S5, S6, Tel. 621248, www.augustenstüble.de, täglich 18–1, Küche bis 24 Uhr. Das Restaurant im Stuttgarter Westen setzt auf französische Bistroküche. In den beiden gemütlichen, holzvertäfelten Gasträumen mit roten Wänden und vielen Bildern lassen sich zu bodenständigen und zugleich ambitionierten Gerichten auch die vorwiegend französischen Weine stilvoll genießen.

🕪30 [E5] **Basta** €€€, Wagnerstr. 39, Haltestelle: Charlottenplatz, U1, U2, U4, U5, U6, U7, U12, U15, Tel. 240228, www.basta-stuttgart.de, Mo.–Sa. 16–1, Küche 18–22.30 Uhr. Frankreich in Stuttgart: Zur guten Weinauswahl in entspannter, lässiger Atmosphäre passt bürgerliche Küche von Zwiebelrostbraten bis Kalbsleber. Eine Institution im Bohnenviertel!

🕪31 [D4] **Cube** €€€, Kleiner Schlossplatz 1, Haltestelle: Schlossplatz, U5, U6, U7, U12, U15, Tel. 2804441, www.cube-restaurant.de, täglich 11.30–24, Küche bis 22 Uhr. Im Restaurant mit den schönsten Fensterplätzen Stuttgarts hat die Küche durchgehend geöffnet. In toller Lage im Kunstmuseum ❽ mit Blick über den Schlossplatz speist man hier feine, asiatisch angehauchte Crossover-Gerichte. Reservierung ist angeraten, mittags werden ein paar Plätze für Museumsbesucher freigehalten. WLAN-Hotspot.

🕪32 [C4] **Da Loretta** €€, Büchsenstr. 24, Haltestelle: Stadtmitte/Rotebühlplatz, U2, U4, U14, S1, S2, S3, S4, S5, S6, Tel. 2804507, Mo.–Fr. 11.30–14.30 und 18–1, Sa. 18–1, Küche bis 23 Uhr. Mittags ist das italienische Ecklokal brechend voll, schließlich liegt es recht zentral am Rand der Einkaufszone. Authentische Landküche ohne Schnickschnack, aber aus ausgezeichneten Produkten hat eben ihre Liebhaber.

🕪33 [F4] **Esszimmer** €, Eugenstr. 16, Haltestelle: Olgaeck, U5, U6, U7, U12, U15, Tel. 51889051, www.esszimmer-stuttgart.de, Mo.–Di. 11–15, Mi.–Do. 11–24, Fr. 11–1, Sa. 18–1 Uhr. Beim Mittagstisch im kleinen Lokal mit den gemusterten Tapeten greifen auch Veganer und Vegetarier zu. Ursprünglich nur tagsüber geöffnet, wird inzwischen an ein paar Tagen auch abends gekocht.

🕪34 [C5] **Fenice** €€€, Rotebühlplatz 29, Haltestelle: Stadtmitte/Rotebühlplatz, U2, U4, U14, S1, S2, S3, S4, S5, S6, Tel. 6151144, www.ristorante-la-fenice. de, Mo.–Fr. 12–15 und 18.30–24, Sa. 18.30–24, Küche 12–14 und 18.30–22 Uhr. Etwas versteckt am ruhigen Ende der Fußgängerzone jenseits der Fritz-Elsas-Straße liegt dieser gediegen-elegante Italiener. Die Klassiker der feinen italienischen Küche kommen hier in zuverlässig guter Qualität auf den Tisch. Zu empfehlen ist auch das günstige Mittagsmenü.

❯ **Hegel Eins** €€, im Linden-Museum ㉞, Tel. 6744360, www.hegel1.de, Di.–Sa. 12–24, So. 12–17, Küche bis 23 bzw. 17 Uhr. Das kleine Lokal mit seinen moosgrünen oder schindelverkleideten Wänden spielt ironisch mit dem Bild einer rustikalen Jägerstube. Hier kann man gemütlich an ein paar Tischen neben Tagesgerichten auch Wild und Fisch ordern.

❷35 [D5] **Iden** €, Eberhardstr. 1, Haltestelle: Rathaus, U1, U2, U4, Tel. 235989, www.iden-stuttgart.de, Mo.–Fr. 11–20.30, Sa. 10.30–17 Uhr. Mit Vollwertfutter für Kleinnager hat das Mittagsangebot im Iden so gar nichts gemein. Zur Auswahl stehen eine Vielfalt vegetarischer Pfannengerichte, Gratins, Suppen, Nudeln und Gemüsebratlinge, Salate, kalte Vorspeisen und fruchtige Desserts. Verarbeitet werden nur marktfrische Zutaten, vorwiegend aus biologischem Anbau.

🕪36 [D5] **Irma la Douce** €€–€€€, Katharinenstr. 21b, Haltestelle: Rathaus, U1, U2, U4, www.irmaladouce.de, Tel. 4704320, Di.–Sa. 11.30–14 und 17.30–23, So. 17–23 Uhr. Typisch französisches Ambiente, typisch französische Küche – da passt auch der Name. Unweit der Mini-Rotlichtmeile Stuttgarts werden feine Speisen und auch ein günstigeres Mittagsmenü aufgetischt.

015st Abb.: gk

37 [D5] **Karls Kitchen** €€–€€€, Marktstr. 1–3, Haltestelle: Rathaus, U1, U2, U4, Tel. 2111377, www.karlskitchen.de, Mo.–Mi. 10–20, Do., Fr. 10–23, Sa. 9.30–23 Uhr. Das trendig ausgestattete Restaurant im Kaufhaus Breuninger (s. S. 25) setzt ganz auf Frische. In zwei Showküchen wird Saisonales zubereitet. Mittags bekommt man per Selbstbedienung Tagesgerichte, morgens und abends Essen à la carte. Lounge mit offenem Kamin, Bar, Fensterplätze für Eilige, WLAN-Zugang, Kinderbereich, kleine Dachterrasse mit Blick auf den Marktplatz – hier findet jeder das passende Eckchen.

38 [bh] **Körle und Adam** €€–€€€, Feuerbacher Talstr. 31, Haltestelle: Feuerbacher Krankenhaus, Tel. 8382466, www.koerleundadam.de, Di.–Sa. 18–24, Küche bis 22 Uhr. Das kleine Lokal in Feuerbach zeichnet sich durch seine vegetarische Speisekarte mit fast täglich wechselndem Angebot aus. Die verwendeten Produkte aus der Region, aber auch Bier, Wein und alkoholfreie Getränke, gibt

es vorwiegend in Bioqualität. Die gute Küche, der freundliche Service und das entspannte Ambiente zeigen, dass den beiden Inhabern vor allem daran liegt, dass sich ihre Gäste wohlfühlen.

39 [E5] **Leib und Seele** €€–€€€, Rosenstr. 33, Haltestelle: Olgaeck, U5, U6, U7, U12, U15, www.leibundseele-stuttgart. de, Tel. 67206198, Mo.–Fr. 12–14 und 18–22, Sa. 18–22 Uhr. Vom puristischschlichten Gastraum blickt man durch große Fenster auf die Rosenstraße und kann unter drei wechselnden Menüs auswählen. Empfehlenswert ist der preiswerte Mittagstisch.

40 [C8] **Sultan Saray** €€, Filderstr. 43, Haltestelle: Lehenstraße, Bus 43, Tel. 3417703, www.sultan-saray.de, Mo.–Fr. 11–24, Sa., So. 12–24, Küche 11–14 und 17–23, Sa., So. 12–24 Uhr. Köstliche orientalische Vorspeisen und Hauptgerichte vom Lamm, Fisch oder Gemüse. Mit kleiner, moderner Filiale in der Rotebühlstraße in der Innenstadt, doch hier im Lehenviertel ist das Interieur altmodisch in einer Art gemütlicher, schwäbisch-türkischer Mischung geblieben.

🔊**41** [F6] **Tafelberg** €, Dobelstr. 2, Haltestelle: Dobelstraße, U5, U6, U7, www.tafelberg-stuttgart.de, Tel. 51890268, Di.–Sa. 18–1, Küche bis 22 Uhr. Das kleine, feine Lokal am Stuttgarter Bopser überrascht mit neuen Fleisch- und Fischgerichten in feinen Aromakombinationen.

🔊**42** [D3] **Valle** €, Geschwister-Scholl-Str. 3, Haltestelle: Hauptbahnhof, U5, U6, U7, U9, U12, U14, U15, S1, S2, S3, S4, S5, S6, www.ristorante-valle.de, Tel. 2202727, täglich 11–1, Küche bis 23 Uhr. Lebhafter Italiener mit wöchentlich wechselnder Karte und vielen Stammgästen, die wegen der authentischen Küche und wohl auch wegen der herzlichen Gastfreundschaft gerne wiederkommen.

🔊**43** [D6] **Vetter Essen & Trinken** €€–€€€, Bopserstr. 18, Haltestelle: Wilhelm-/Olgastraße, Tel. 241916, Mo.–Sa. 17–1, Küche bis 23 Uhr. Das modern ausgestattete, schön-schlichte Ecklokal hat viele Fans, ohne Reservierung geht hier gar nichts. Die innovative Küche hat Gourmetniveau, die häufig wechselnde Karte bietet Ansprechendes für Fleisch-, Fisch- und Gemüseliebhaber. Im Sommer bleiben die paar Plätze vor der Tür auf dem Mozartplatz auch nicht lange unbesetzt.

🔊**44** [bm] **Wielandshöhe** €€€, Alte Weinsteige 71, Haltestelle: Weinsteige, Tel. 6408848, www.wielandshöhe.de, Di.–Sa. 12–14 und 18–21 Uhr. Vincent Klink ist als TV-Koch, Autor und Verfasser von Kochbüchern mehr als bekannt. Sein mit einem Stern ausgezeichnetes Restaurant in Degerloch ist dennoch boden-

ständig geblieben. Beim Traditionalisten wird regional gekocht, aber auf hohem Niveau. Was zählt, ist die Produktqualität vom Lammrücken bis zum Wurzelgemüse. WLAN-Hotspot.

Weinstuben und schwäbische Küche

🔊**45** [A8] **Goldener Adler** €–€€, Böheimstr. 38, Haltestelle: Marienplatz, U1, U14, Tel. 6338802, www.goldener-adler-stuttgart.de, täglich 17.30–23 Uhr. Modern interpretierte Klassiker hat sich die Küche auf die Fahne geschrieben und der Service ist charmant und freundlich. Zum Zwiebelrostbraten und Sauerbraten gibt es im gediegenen Ambiente in Heslach auch eine gute regionale Weinauswahl.

📍**46** [D8] **Kochenbas** €–€€, Immenhofer Str. 33, Haltestelle: Markuskirche, Bus 43, Tel. 602704, www.kochenbas.de, Di.–So. 11.30–14 und 17.30–23.30, Küche bis 22 Uhr. Bei der Kochenbas (von „Base" für Cousine) sitzt der Gast wie bei Oma in der Stube und genauso gut schmecken hier auch die hausgemachten schwäbischen Klassiker. Maultaschen sind nämlich nicht gleich Maultaschen. Wer die schwäbische Leibspeise aus einer guten Küche wie hier probiert hat, erkennt den Unterschied.

📍**47** [bh] **Lamm** €€, Mühlstr. 24, Haltestelle: Wilhelm-Geiger-Platz, U6, U13, Tel. 8560732, www.weinstubelamm.de, Mo.–Sa. 18–23 Uhr. Die Weinstube in Feuerbach ist bekannt für Hausgemachtes und als Slow-Food-Tipp. Verwendet werden nur hochwertige regionale Produkte ohne künstliche Zusatzstoffe. Es gibt nur eine Handvoll Gerichte, je nachdem, was der Markt saisonal bietet.

📍**48** [E5] **Schellenturm** €€, Weberstr. 72, Haltestelle: Rathaus, U1, U2, U4, www.weinstube-schellenturm.de, Tel. 2364888, Mo.–Sa. 17–24, Küche bis 22 Uhr. Der einzig erhaltene Turm der alten Stadtmauer besitzt einen Auf-

◀ *Karls Kitchen im Obergeschoss des Kaufhauses Breuninger*

bau aus Fachwerk. Heute fungieren die Turmstuben als urige Weinstube und das Plätzchen vor dem Bau aus dem 16. Jahrhundert als kleiner Biergarten. Schwäbisch-bürgerliche Küche inklusive Maultaschen werden auf der Karte um marktfrische Saisongerichte ergänzt.

🔴**49** [E5] **Weinhaus Stetter** €€, Rosenstr. 32, Haltestelle: Charlottenplatz, U1, U2, U4, U5, U6, U7, U12, U15, Tel. 240163, www.weinhaus-stetter.de, Mo.–Fr. 15–23, Sa. 12–15 und 17.30–23 Uhr. Das Weinhaus im Bohnenviertel hat jede Menge Retro-Charme, der auch bei jungen Gästen so angesagt ist, dass sich eine Reservierung dringend empfiehlt. Zur besten schwäbischen Küche, alles hausgemacht, gibt es eine überaus große Weinauswahl, denn die Weinhandlung gleich nebenan gehört zum Lokal. Im Sommer werden ein paar Tische und Stühle vor die Tür gestellt, sodass man laue Abende auch draußen genießen kann.

🔴**50** [D5] **Weinstube Fröhlich** €, Leonhardstr. 5, Haltestelle: Rathaus, U1, U2, U4, www.weinstube-froehlich.de, Tel. 242471, Mo.–Do. 17.30-0.30, Fr., Sa. 17.30–1 Uhr. Etwas versteckt im Rotlichtviertel hat das Weinhaus Fröhlich nicht nur zwei gemütliche Gaststuben, sondern auch einen kleinen lauschigen Hinterhof zum Draußensitzen. Neben schwäbischen Klassikern steht auch Mediterranes auf der Karte.

Cafés

🔴**51** [B8] **Café Kaiserbau,** Marienplatz 12, Haltestelle: Marienplatz, U1, U14, www.cafe-kaiserbau.de, Tel. 6338383, Mo.–Sa. 8–1, So. 10–1, Küche 12–14.30 und 18–23 Uhr. Das schlichte Café und die Terrasse zum Marienplatz sind zum Frühstück ebenso beliebt wie zum Mittagstisch. Im Sommer locken auch die fantasievollen Bio-Eissorten der benachbarten Eisdiele.

🔴**52** [D5] **Fleck & Schneck,** Torstr. 27, Haltestelle: Stadtmitte/Rotebühlplatz, U2, U4, U14, S1, S2, S3, S4, S5, S6, Tel. 2348961, www.caffe-bar.com, Mo.–Do. 8.30–1, Fr., Sa. 8.30–3, So. 16–23 Uhr. Die winzige Espressobar, die aus kaum mehr als einem Tresen und ein paar Barhockern besteht, sieht aus wie direkt aus Italien hierher versetzt.

🔴**53** [D7] **Herbertz,** Immenhoferstr. 13, Haltestelle: Österreichischer Platz, U1, U14, Tel. 8884566, www.espressobar-herbertz.info, Mo.–Fr. 7–18, Sa. 8–15, So. 9–18 Uhr. Die riesige, altertümliche Espressomaschine sorgt für Qualität. An Stehtischen kommt man nachbarschaftlich ins Gespräch oder widmet sich der Zeitung. Hier ist das Flair der Boheme noch gegenwärtig und geradezu greifbar.

🔴**54** [E5] **Hüftengold,** Olgastr. 44, Haltestelle: Olgaeck, U5, U6, U7, U12, U15, Tel. 2486988, www.hueftengold.de, Mo.–Fr. 7–24, Sa. 9–1, So. 10–20, Küche bis 23, So. bis 19 Uhr. Ausgefallen, aber stimmig ist das Ecklokal ausgestattet. Im Winter locken gemütliche Kissen und der knisternde Kamin, im Sommer das selbstgemachte Eis.

🔴**55** [C8] **List,** Liststr. 25, Haltestelle: Markuskirche, Bus 43, Tel. 51872747, www.cafe-list.de, Mo.–Fr. 7.30–22, Sa. 9–22, So. 9–18 Uhr. Das Café im Lehenviertel bietet mit seiner Mixtur aus Sixties-Stil, Trödel und Modernem ein hippes Refugium für Großstädter. Neben Frühstück und Kaffee werden auch kleine Gerichte und Antipasti angeboten.

🔴**56** [D3] **Old Bridge,** Bolzstr. 10, Haltestelle: Schlossplatz, U5, U6, U7, U12, U15, Tel. 50424611, www.oldbridge-gelateria.de, März–Nov. Mo.–Do. 11–23, Fr., Sa. 11–24, So. 13–23 Uhr. Die Eisdiele in strategisch günstiger Lage nahe Schlossplatz, Königsbau-Passagen und Metropol-Kino verkauft rund 35 Sorten hausgemachtes Speiseeis und andere süße Spezialitäten aus Italien.

○57 [D5] **Scholz,** Marktplatz, Haltestelle: Rathaus, U1, U2, U4, U11, Tel.
8602855, www.scholz-stuttgart.de,
Mo.–Mi. 9–1, Do.–Sa. 9–3, So. 10–23
Uhr. Morgens beginnt der Scholz-Tag mit
Weißwurst- oder Schwabenfrühstück,
hauseigener Marmelade oder Ameri-
can Breakfast mit Blick auf den Markt,
mittags locken wechselnde günstige
Tagesgerichte, Pasta, Salate und Sand-
wichs, nachmittags Kuchen oder Aperol
und irgendwann abends wird auf Szene-
kneipe umgeschaltet. Die vielen Stamm-
gäste wissen, warum sie hier gerne zu
Birchermüsli oder Cocktails einkehren.
WLAN-Hotspot.

○58 [D6] **The English Tearoom,** Weißenburgstr. 29, Haltestelle: Österreichischer
Platz, U1, U14, Tel. 51874006, www.
the-english-tearoom.de, Di.–Fr. 11–19,
Sa. 10–18 Uhr. Zwei waschechte Briten,
Christian und Lynn Hazlewood, haben im
Heusteigviertel diesen puppenstuben-
bunten Teeladen eröffnet, der auch als
tearoom fungiert. Selbstverständlich
sind *scones* mit *clotted cream* im Angebot. Verkauft wird neben Tee auch Zube-
hör und es finden Teeseminare und -ver-
kostungen statt.

○59 [C6] **Zimt & Zucker,** Weißenburgstr.
2c, Haltestelle: Österreichischer Platz,
U1, U14, Tel. 91275198, Di.–Fr.
12–18, Sa., So. 10–18 Uhr. Das kleine
Lokal mit viel buntem Nippes versprüht
Flohmarkt- und Puppenstubencharme.
Frühstück, hausgemachte Kuchen und
außerdem vegane, laktose- und gluten-
freie Speisen.

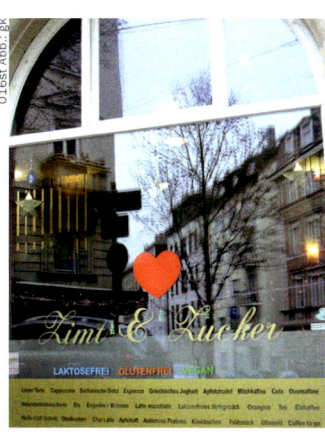

016st Abb.: gk

Biergärten und Sommerlokale

○60 [D4] **Alte Kanzlei,** Schillerplatz 5a,
Haltestelle: Schlossplatz, U5, U6, U7,
U12, U15, Tel. 294457, www.alte-
kanzlei-stuttgart.de, Mo.–Do., So.
10–24, Fr., Sa. 10–1, Küche 11–23
Uhr. Die Terrasse auf dem Schillerplatz
eignet sich mindestens so gut für ein
Trendgetränk, ob Aperol oder Holunder-
saft, wie für ein Frühstück oder einen
Salat als Mittagsimbiss. Entsprechend
schnell füllen sich die Plätze bei schö-
ner Witterung. Auch drinnen ist das
Lokal eine Empfehlung, ob nachmittags
zu Kaffee und Kuchen oder mittags auf
einen Salat, im hellen Gastraum herrscht
immer Betrieb.

○61 [E4] **Amadeus,** Charlottenplatz 17,
Haltestelle: Charlottenplatz, U1, U2, U4,
U5, U6, U7, U12, U15, Tel. 292678,
www.amadeus-stuttgart.de, Mo.–Do.
12–24, Fr. 12–2, Sa. 9–2, So. 10–24,
Küche bis 23 Uhr. Als Biergarten ist der
Innenhof im alten Waisenhaus unschlag-
bar und daher auch oft gut besetzt. Auf
ein spätes Frühstück, zum Weizenbier
oder Aperol kehrt man hier ein, in der
kälteren Jahreszeit wird auch drinnen
gerne Internationales von der Karte
geordert, von Burgern bis Wraps.

▶ *Das Zimt & Zucker ist auch*
zum Frühstücken sehr beliebt

Lecker vegetarisch

Wer abends in gemütlichem Ambiente essen gehen möchte, ist im **Körle und Adam** (s. S. 32) in Feuerbach gut aufgehoben. Eine gute Auswahl an kleinen Mittagsgerichten findet man im Stadtzentrum im Selbstbedienungsrestaurant **Iden** (s. S. 31). Für die Gourmets unter den Vegetariern wird bei Vincent Klink in der **Wielandshöhe** (s. S. 33) gesorgt. Im **Zimt & Zucker** (s. S. 35) denkt man auch an Allergiker.

Für den späten Hunger

Für den späten Hunger ist in Stuttgart **nur vereinzelt** gesorgt, in den meisten Restaurants schließt die Küche gegen 22 oder 23 Uhr. Bis nach Mitternacht bleibt die Küche im Falafel-Lädchen **Vegi Voodoo King** (s. S. 78) geöffnet. Fr. und Sa. bekommt der hungrige Nachtschwärmer im Kultimbiss **Udo Snack** noch Burger und Currywurst und der legendäre **Brunnenwirt** bietet täglich bis 2, Fr. und Sa. bis 3 Uhr Currywurst und andere Imbissbudenklassiker.

70 [C4] **Udo Snack,** Calwer Str. 23

71 [D5] **Brunnenwirt,**
    Leonhardsplatz 25

Lokale mit guter Aussicht

Lokale mit guter Aussicht findet man nicht nur auf den Höhen, sondern auch unten im Kessel. Der höchste Stuttgarter Aussichtspunkt in 147 m Höhe heißt passenderweise **OBEN** und befindet sich im Turmkorb des Fernsehturms **42**. Auch vom **Teehaus** (s. S. 37) bzw. der benachbarten Plattform blickt man auf ganz Stuttgart, von der kleinen Dachterrasse in **Karls Kitchen** (s. S. 32) nur auf den Marktplatz. Das **Cube** (s. S. 31) im Kunstmuseum bietet Logenplätze am Schlossplatz.

62 [D3] **Café Künstlerbund,** Am Schlossplatz 2, Haltestelle: Schlossplatz, U5, U6, U7, U12, U15, Tel. 2270036, www. kuenstlerbund-stuttgart.de, So.–Do. 9–1, Fr., Sa. 9–3 Uhr. Unter den Arkaden des Kunstbaus kommt leicht italienisches Flair auf, ob bei Kuchen aus eigener Herstellung, Eis, günstigen Mittagsgerichten oder einem Cocktail. WLAN-Hotspot.

63 [E3] **Café Schlossgarten,** Schillerstr., Haltestelle: Hauptbahnhof, U5, U6, U7, U9, U12, U14, U15, S1, S2, S3, S4, S5, S6, www.hotelschlossgarten.com, Tel. 2026832, täglich 7–19.30 Uhr. Im Inneren lockt das Kaffeehaus mit attraktiver Kuchenauswahl, umfangreicher Getränkekarte und kleinen Gerichten, die Terrasse bietet Urlaubsflair mit Blick auf die grüne Mitte Stuttgarts, den Oberen Schlossgarten. Zur Frühstücksauswahl zählen ein italienisches, ein Fitness- und ein großes Schlossgarten-Frühstück.

64 [E4] **Grand Café Planie,** Charlottenplatz 17, Haltestelle: Charlottenplatz, U1, U2, U4, U5, U6, U7, U12, U15, Tel. 292553, www.grandcafe-planie. de, täglich 7–2 Uhr. Die große Außenterrasse des Kaffeehauses mit Blick auf den Karlsplatz lädt den ganzen Sommer über zum Verweilen ein. Die große Auswahl an Kuchen, Torten und Gebäck ist stadtbekannt.

65 [C3] **Mezzogiorno** €€, Kriegsbergstr. 55, Haltestelle: Katharinenhospital, Bus 42, Tel. 295089, www.mezzo-giorno.de, Mo.–Do., So. 10.30–1, Fr., Sa. 10.30–2, Küche 11–23 Uhr. Die Terrasse inmitten des grünen Uni-Campus lockt mit feiner italienischer Küche oder auf ein erfrischendes Getränk. Neben Pizza, Pasta, Fleisch und Fisch gibts auch eine gute Weinauswahl. WLAN-Hotspot.

66 [C5] **Paulaner,** Calwer Str. 45, Haltestelle: Stadtmitte/Rotebühlplatz, U2, U4, U14, S1, S2, S3, S4, S5, S6, Tel. 224150, www.zumpaulaner.de, Mo.–

Do., So. 10–24, Fr., Sa. 10–1, Küche 11–23 Uhr. Wo die Calwer Straße sich zum Plätzchen erweitert, sorgt der Biergarten der bayrischen Brauerei für Münchner Flair. Weißwurstfrühstück und Paulaner vom Fass verstehen sich von selbst, Maultaschen gibt es aber auch.

🍴**67** [E4] **Plenum** €€, Konrad-Adenauer-Str. 3, Haltestelle: Charlottenplatz, U1, U2, U4, U5, U6, U7, U12, U15, Tel. 12093980, www.plenum-stuttgart.de, täglich 10–1, Küche bis 23 Uhr. Riesige Lampenschirme tauchen abends die Terrasse in ein stimmungsvolles Licht. Der Blick auf den Oberen Schlossgarten ist unbezahlbar. Das innen schlichtmoderne Restaurant im Landtagsgebäude bietet aber auch gute Küche, Weine aus der Region und einen aufmerksamen Service. WLAN-Hotspot.

🔵**68** [E8] **Teehaus**, Hohenheimer Str. 119, Haltestelle: Bopser, U5, U6, U7, U12, www.teehaus-stuttgart.de, Tel. 2367360, März–Okt. 11–23 Uhr, zu Saisonbeginn und -ende nur am Wochenende. Bei schönem Wetter füllen sich die Plätze in und vor dem zierlichen, denkmalgeschützten Jugendstilpavillon schnell. Das Café mit Gartenterrasse profitiert vor allem von seiner wunderschönen Lage auf einer Anhöhe im Weißenburgpark und der benachbarten Aussichtsplattform mit tollem Blick über die Innenstadt. Die farbenprächtigen Deckengemälde im Innern wurden mit Musikantenszenen gestaltet. WLAN-Hotspot.

🔵**69** [B7] **Tschechen & Söhne**, Humboldtstr. 44, Haltestelle: Silberburg-/Reinsburgstraße, Bus 92, Tel. 6744064, www.marshallmatt.com, bei schönem Wetter täglich 11–24 Uhr. Im Sommer öffnet der Biergarten auf der Karlshöhe mit schönem Blick über die City. An lauen Abenden lockt auch der Blick auf die Lichter der Stadt. In der ehemaligen Milchbar der 1960er-Jahre, zur Landes-

Smoker's Guide

In Baden-Württemberg gilt das **Rauchverbot für alle Gaststätten**, es sei denn, es sind vollständig abgetrennte Nebenräume vorhanden, die auch extra als **Raucherräume** gekennzeichnet sind. Für Minderjährige ist der Zutritt dort allerdings verboten. **Vom Rauchverbot ausgenommen** sind Bier- und Weinzelte auf Volksfesten. Auch Wirte mit Lokalen unter 75 m² Größe können sich dafür entscheiden, dass bei ihnen geraucht werden darf.

Immer mehr Lokale heißen inzwischen wieder Gäste mit Pfeife, Zigarre oder Zigarette in eigens dafür eingerichteten Räumen willkommen. Der **Bix Jazzclub** (s. S. 44) hat im Obergeschoss eine Raucherlounge mit Zigarrenkarte und eigener Bar eingerichtet und auch das **7 Grad** (s. S. 40) an der Partymeile „Theo" bleibt nur im Erdgeschoss rauchfrei. Das **Raucherrestaurant des Steigenberger Hotels** (s. S. 126) hat Platz für 30 Gäste, zudem ist die klassisch-edle **Davidoff Lounge** Treffpunkt für Zigarrenraucher. Auch im **Platzhirsch** (s. S. 40) und im **Kottan** (s. S. 39) im Kneipen-Bermuda-Dreieck am Hans-im-Glück-Brunnen, in der **Roten Kapelle** (s. S. 40) am Feuersee und im **Die Bar** (s. S. 41) im Stuttgarter Westen darf immer, im **Fleck & Schneck** (s. S. 34) ab 18 Uhr geraucht werden. Und in der **Uhu-Bar** (s. S. 42) trifft man sich einmal im Monat montags zum After-Work-Smoke. Weitere Lokale, in denen man in angenehmer Atmosphäre (auch) rauchen kann, findet man unter **www.stuttgart-tourist.de/kulinarik**. Wer den Button mit Teller und Besteck anklickt, kann sich Cafés, Bars und Restaurants mit Raucherbereich aus dem großen Angebot filtern.

Stuttgart am Abend

Frühstück

Gut **frühstücken** kann man in der **Alten Kanzlei** (s. S. 35), im Sommer auf der Terrasse mit Blick auf den Schillerplatz, oder im **Scholz** (s. S. 35) am Marktplatz – dort sogar bis 21 Uhr! Im **Café Schlossgarten** (s. S. 36) sitzt man im Grünen. Wer bei Regen oder Kälte gemütlich drinnen frühstücken will, ist im **Hüftengold** (s. S. 34) am prasselnden Kamin und im bunt-verspielten **Zimt & Zucker** (s. S. 35) gut aufgehoben. Zum Sonntags-Brunch laden **Plenum** (s. S. 37), **Amadeus** (s. S. 35) und zweimal monatlich das Restaurant im Mercedes-Benz-Museum **44**.

Mittagstisch und Dinner for one

In allen Cafés, ob in der **Alten Kanzlei**, im **Hüftengold, Schlossgarten** oder **Scholz,** wird man zum Lunch dank Salaten und günstigen Tagesgerichten nicht auf Torte verwiesen. Nahe der Kulturmeile versorgt das **Esszimmer** (s. S. 31) Hungrige. Wer auch mittags am liebsten zum Italiener geht, kann eng und turbulent in der Trattoria **Da Loretta** (s. S. 31) und im **Valle** (s. S. 33) sitzen oder ruhig und gediegen in **Fenice** (s. S. 31). Für gehobene Ansprüche empfehlenswert sind der günstige Mittagstisch im **Leib und Seele** (s. S. 32) und **Irma La Douce** (s. S. 31).

Auch wer **alleine unterwegs ist,** hat in den genannten Cafés viel zu gucken, kann sich aber auch gut in **Karls Kitchen** (s. S. 32) niederlassen, wahlweise am Fenster mit Blick auf den Marktplatz oder im eher loungeartigen Bereich am Kamin.

gartenschau eingerichtet, gibt es Bier im Steinkrug und deftige Imbisse wie Wurstsalat und Fleischküchle. Und direkt durch den Biergarten führt der Blaustrümpferweg, ein beliebter Wanderweg auf den Höhen bei Heslach.

Zwei Arten von Nachtvögeln kennt die Stuttgarter Nacht: auf der einen Seite die Opern- und Premierengäste, die Theaterabobesitzer und das Konzertpublikum und auf der anderen das Partyvolk, die Clubber und Szenegänger. Ihre Wege kreuzen sich nur selten. Die Konrad-Adenauer-Straße fungiert als Kulturmeile der Stadt, die Theodor-Heuss-Straße, auch „Theo" genannt, als Partymeile. Dem Haus der Geschichte und der Staatsgalerie gegenüber gruppieren sich Staatstheater und Schauspielhaus, an der Theo reihen sich die Klubs – fast alle setzen auf ein Mischkonzept aus Klub mit Musikprogramm, Bar und Lounge – aneinander.

Nachtleben

Eine lebhafte Bar- und Klubszene sorgt dafür, dass im ehemaligen „Halbmillionendorf" auch nach 22 Uhr kein Bürgersteig hochgeklappt wird. Nachts wird die tagsüber stark befahrene **Theodor-Heuss-Straße** [C4] zur Ausgehmeile „Theo".

Bars, Lounges und **Klubs,** die die Ladenlokale früher hier ansässiger Firmen mit ihren großen Fensterfronten übernommen haben, reihen sich auf mehreren hundert Metern dicht an dicht. Im Sommer feiern Tausende Partybegeisterte am Wochenende auch unter freiem Himmel bis in die Morgenstunden. Auch wenn manche Spötter von „Party-Autobahn" sprechen, die unter 30-Jährigen wissen die kurzen Wege zwischen den Klubs zu schätzen.

An Wochenenden ist der Rummel besonders groß, sodass von manchen Stuttgartern der **Donnerstag** als Ausgehtag schon bevorzugt wird –

wenn sie nicht ganz einen Bogen um die Heuss-Meile machen.

Zweiter Hotspot für Nachtschwärmer und Szenegänger ist der **Hans-im-Glück-Brunnen** ⓰. In den kleinen Gässchen der Altstadt geht es weniger schrill und trendy zu, im Bermuda-Dreieck rund um die Geißstraße [D5] herrscht eher Kneipenatmosphäre. Auch hier schwappt im Sommer die Szene nach draußen auf das Plätzchen am Brunnen.

Beliebt sind seit einiger Zeit auch die Lokale rund um den **Wilhelmplatz** [D5/6] und bis in Stuttgarts Mini-Rotlichtviertel, die **Leonhardstraße** [D5], hinein. Die Vielfalt des Angebots und die kurzen Wege machen es für die großen Diskotheken schwer, denn es gibt für Nachtschwärmer einfach jede Menge kleiner Klubs und Kneipen mit langen Öffnungszeiten als Alternative.

▲ *Im Barcode (s. S. 41) kann man oben gepflegt Cocktails genießen oder unten zu cooler Musik abtanzen*

Kneipen

⊝72 [D5] **Kottan,** Geißstr. 14, Haltestelle: Stadtmitte/Rotebühlplatz, U2, U4, U14, S1, S2, S3, S4, S5, S6, Tel. 51889158, Mo.–Do. 8–2, Fr. 8–3, Sa. 9–3, So. 14–2 Uhr. Das Lokal am Hans-im-Glück-Brunnen bietet österreichisches Flair und Wein und Bier aus dem Nachbarland. Tagsüber versteht sich das Lokal als Kaffeehaus – geraucht werden darf hier auch.

⊝73 [C8] **Lehen,** Lehenstr. 13, Haltestelle: Marienplatz, U1, U14, Tel. 6407291, www.lehen-stuttgart.de, Mo.–Do. 11.45–14.15 und 17–1, Fr. 11.45–14.15 und 17–2, Sa. 17–2, So. 17–1 Uhr, Küche 18–22.30 Uhr. Die Gaststätte ist seit mehr als einem Vierteljahrhundert eine Institution im Lehenviertel. Abends bietet die Küche auch Maultaschen und Flammkuchen, ansonsten konzentriert man sich im urigen Ambiente der ehemaligen „Sozikneipe" auf das Biertrinken, Kartenspielen und Diskutieren.

⊝74 [D3] **Marshallbar,** Bolzstr. 8, Haltestelle: Schlossplatz, U5, U6, U7, U12, U15, Tel. 2846878, www.marshallmatt.com, Mo.–Do. 11–1, Fr., Sa. 11–3, So. 12–1 Uhr. Auch die Bar im alten Bahnhof in der Bolzstraße führt tagsüber ein Leben als Kaffeehaus mit kleinem Mittagstisch, bevor sie abends auf Nachtlokal umschaltet. Raucher sind willkommen. DJs dürfen am Wochenende zeigen, was sie drauf haben, unter der Woche bleiben die Klänge „loungig" und entspannt.

🔵75 [C4] **Mos Eisley,** Fritz-Elsas-Str. 20, Haltestelle: Stadtmitte/Rotebühlplatz, U2, U4, U14, S1, S2, S3, S4, S5, S6, Tel. 2842957, Mo.–Do. 11–1, Fr., Sa. 11–3, So. 10–1 Uhr. Vom Frühstück bis zum späten Abend bilden – je nach Witterung – die Terrasse mit Blick auf Passanten oder das Innere des Kneipen-Bar-Café-Klassikers den richtigen Ort für ein junges Publikum auf der Suche nach Mittagstisch oder Feierabendbier. Mit Raucherraum.

🔵76 [D5] **Platzhirsch,** Geißstr. 12, Haltestelle: Rathaus, U1, U2, U4, Tel. 0173 6606788, www.platzhirsch-stuttgart. de, Mo.–Do. 11–2, Fr. 11–4, Sa. 10–4, So. 14–24, Küche 11.30–22.30 Uhr. Neben Klubs und Bars gibt es auch noch Kneipen am Hans-im-Glück-Brunnen. Im unprätentiösen, auch taglichttauglichen Wirtshaus gibt es auf zwei Etagen zwischen Hirschgeweihen Schwäbisches und Internationales aus der Küche, unten sind Glimmstängel erlaubt. Mit Außenterrasse.

🔵77 [A5] **Rote Kapelle,** Feuerseeplatz 14, Haltestelle: Feuersee, S1, S2, S3, S4, S5, S6, Tel. 6205454, www.rote-kapelle.de, Mo.–Do. 9–1, Fr. 9–2.30, Sa. 10–2.30, So. 10–1.30 Uhr. Das Tapaslokal im Stuttgarter Westen, das zugleich auch Bar und Café ist, lädt im Sommer zum Entspannen auf der Terrasse direkt am Feuersee. Bei Schmuddelwetter lässt es sich auch drinnen gut aushalten, den Raucherraum beleuchtet ein 5 Meter langes Aquarium.

❯ **Scholz** (s. S. 35). Abends verwandelt sich das Marktcafé in ein Szenelokal.

Bars, Klubs und Lounges

🔵78 [D5] **1. Stock,** Steinstr. 13, Haltestelle: Stadtmitte/Rotebühlplatz, U2, U4, U14, S1, S2, S3, S4, S5, S6, www. bar-stuttgart.com, Fr., Sa. 21–4 Uhr. Nicht nur der Name ist minimalistisch, auch alles andere: ein schwarzer Tresen und einige Barhocker, ein Plattenteller, schlichtes, puristisches Ambiente, kleine Getränkeauswahl, fast nur Stehplätze. Wie der Name sagt, befindet sich die kleine Wohnzimmerbar im ersten Stock.

🔵79 [C4] **7 Grad,** Theodor-Heuss-Str. 32, Haltestelle: Stadtmitte/Rotebühlplatz,

018st Abb.: gk

U2, U4, U14, S1, S2, S3, S4, S5, S6, www.7grad-stuttgart.de, Tel. 99797097, Di.–Do. 19–3 Uhr, Fr.–Sa. und vor Feiertagen 19–5 Uhr, So.–Mo. geschlossen. Abgerockt – nach dem Motto „Schon mal bei 7 Grad geschwitzt" – wird auf zwei Etagen. Das Erdgeschoss bleibt rauchfrei, im Obergeschoss sind Raucher willkommen. An der 15 Meter langen Bar drängt sich ein sehr junges Publikum zu House und Electro. Di. Studentenparty.

80 [D2] **Amici**, Lautenschlagerstr. 2, Haltestelle: Hauptbahnhof, U5, U6, U7, U9, U12, U14, U15, S1, S2, S3, S4, S5, S6, Tel. 2270292, www.amici.de, Mo.–Do. 11–2, Fr. 11–5, Sa. 15–5 Uhr. Im Promilokal im Zeppelin-Carré nahe dem Hauptbahnhof kann man auch Mediterranes essen, aber zu später Stunde wandelt sich das Restaurant zur Bar und Lounge. Im Sommer lockt auch die von unten beleuchtete Terrasse.

81 [C4] **Barcode**, Theodor-Heuss-Str. 30, Haltestelle: Stadtmitte/Rotebühlplatz, U2, U4, U14, S1, S2, S3, S4, S5, S6, www.barcode-stuttgart.de, Tel. 8878104, Mo.–Do. 11–1, Fr. 11–5, Sa. 14–5 Uhr. Die zeitlos schöne, braun-goldene Bar mit Ledersofas, Sesseln und ein paar Plätzen an der Bar gehört an der „Theo" schon zu den älteren Semestern und war Wegbereiter für viele weitere Klubs – was zeigt, dass es auch funktionieren kann, seiner Linie treu zu bleiben. Tagsüber Café, fungiert das Erdgeschoss abends als Bar, der Keller als Tanzfläche. WLAN-Hotspot.

> **Bonatz** (s. S. 66). Die schicke Bar im Bahnhofsturm bietet tagsüber Speisen und abends Cocktails sowie einen Blick auf die Lichter Stuttgarts.

82 [D5] **Café Weiß**, Geißstr. 16, Haltestelle: Rathaus, U1, U2, U4, Tel. 244121, Mo.–Do. 18–3, Fr., Sa. 18–4 Uhr. Im plüschigen Ambiente einer ehemaligen Animierbar sorgen Prägetapete, Ölschinken und Jukebox für Atmosphäre. Die Kultkneipe beim Hans-im-Glück-Brunnen hat schon einige Jährchen auf dem Buckel.

83 [A6] **Die Bar**, Augustenstr. 81, Haltestelle: Schwabstraße, S1, S2, S3, S4, S5, S6, www.bar-stuttgart.com, Tel. 7159558, Mo., Do., So. 20–1, Fr., Sa. 20–3 Uhr. Der Barklassiker im Stuttgarter Westen bietet eine riesige Cocktail- und Spirituosen-Auswahl, darunter auch erstklassige Whiskys und Rum-Spezialitäten. Im gepflegten 1960er-Jahre-Ambiente herrscht relaxte Atmosphäre, sonntags mit Livemusik.

84 [D5] **Fou Fou**, Leonhardstr. 13, Haltestelle: Rathaus, U1, U2, U4, Tel. 51891511, www.bar-foufou.de, Mo.–Mi. 17–1, Do.–Sa. 17–3 Uhr. Stylisch-schicke Bar im Rotlichtviertel mit dezenter Musik und großer Champagner- und Cocktailauswahl. Ein gesonderter Raum dient als Rauchersalon, die Fenster zur Straße erlauben den Blick auf die gewerbetreibenden Nachbarinnen.

85 [C4] **Muttermilch**, Theodor-Heuss-Str. 23, Haltestelle: Stadtmitte/Rotebühlplatz, U2, U4, U14, S1, S2, S3, S4, S5, S6, www.muttermilch-stuttgart.de, Tel. 4114588, Di., Mi. 16–1, Do. 16–3, Fr., Sa. 16–5 Uhr. Tagsüber Bar und Lounge, ist der „mumi" genannte Klub abends und nachts eine Location, in der wechselnde DJs auflegen und auf mehreren Ebenen ein hippes junges Volk feiert. An der Bar gibt es Longdrinks, Cocktails und Biere, getanzt wird auch. WLAN-Hotspot.

◀ *Im Amici wird ab und an auch mal ein VfB-Profi gesichtet*

Stuttgart am Abend

86 [D4] **o.T.,** Kleiner Schlossplatz 1,
Haltestelle: Schlossplatz, U5, U6, U7,
U12, U15, Tel. 2804441, www.ot-bar.
de, Sa.–Do. 10–24, Fr., Sa. 10–2 Uhr.
Die Bar „ohne Titel" im Foyer des Kunst-
museums fungiert tagsüber als Café mit
Logenplätzen auf der Außenterrasse vor
dem Glaswürfel. Aber auch, wenn die
Sammlung schon geschlossen ist, bleibt
hier bis Mitternacht geöffnet. Do. ab 20
Uhr Livemusik, Fr. und Sa. legen DJs auf.

87 [C4] **Suite 212,** Theodor-Heuss-Str.
15, Haltestelle: Stadtmitte/Rotebühl-
platz, U2, U4, U14, S1, S2, S3, S4, S5,
S6, http://suite212.de, Mo.–Mi. 11–2,
Do. 11–3, Fr., Sa. 11–5, So. 14–2 Uhr.
Der an drei Seiten verglaste Klub konnte
bereits sein 10-Jähriges feiern, das ist
an der Ausgehmeile schon allerhand. Als
Pionier zog die Suite die vielen Nachfolger überhaupt erst hierher. Und wie oft
kommt es vor, dass es im Obergeschoss
einer Lounge einen *fashion store* gibt?
Unten an der Bar mit den Videomoni-
toren ist nicht nur nachts, sondern auf
einen Kaffee auch schon tagsüber was
los. WLAN-Hotspot.

88 [D5] **Uhu-Bar,** Leonhardstr. 4,
Haltestelle: Rathaus, U1, U2, U4,
Tel. 246142, www.uhu-bar.de, Di.–Do.
20–2, Fr., Sa. 20–4 Uhr. Wie Omas
Wohnzimmer sieht diese Bar im Rot-
lichtviertel aus, dabei gehört sie zu
den Legenden der Stadt. Regelmäßig
Zigarrenabende.

Discos

89 [ch] **Perkins Park,** Stresemannstr.
39, Haltestelle: Killesberg, U5, U12,
Tel. 2560062, www.perkins-park.de.
Der Oldie auf dem Killesberg erfreut sich
auch nach drei Jahrzehnten noch großer Beliebtheit. Zeitweilig galt die Disco
gar als Äquivalent zum schicken Münchner P1. Mehrere Dancefloors werden mit
Discoklassikern, HipHop und R&B/Soul
beschallt. Untergebracht im ehemaligen
Parkrestaurant aus den 1930er-Jahren
gehört auch ein als Lounge eingerichte-
ter Außenbereich dazu.

90 [D2] **Rocker 33,** Heilbronner Str. 7,
Haltestelle: Hauptbahnhof, U5, U6, U7,
U9, U12, U14, U15, S1, S2, S3, S4, S5,
S6, Tel. 2200235, www.rocker33.com,
ab 23 Uhr. Der große Klub am Hauptbahnhof in der ehemaligen Bahndirek-
tion steht für Indie und Elektronik. Hier
legen die besten DJs der internationalen Szene auf. Man hört hier aber auch
Techno, Reggae, HipHop und Rock.
Deutschlandweit einer der angesagtes-
ten und bekanntesten Klubs für elektro-
nische Musik. Da er sich auf dem Stutt-
gart-21-Areal befindet, muss er mittel-
fristig den Baggern weichen.

Theater, Tanz und Kleinkunst

Stuttgart ist eine **Theatermetropo-
le** und bietet rund 35 Premieren pro
Monat und etwa 20 Vorstellungen pro
Abend. Etwa 45 Bühnen sorgen für
traditionsverbundene oder provozie-
rende Inszenierungen, bringen Boulevard oder Slapstick auf die Bühne
oder unterhalten mit üppigen Musi-
cals oder frechem Kabarett mit Biss.

▶ *Das Große Haus*
des Staatstheaters

Neben dem Stuttgarter **Ballett** sorgen weitere **Tanzkompanien** mit Performance- und Crossover-Projekten für Vielfalt. Und auch mit vielen **Themenreihen** und **Festivalwochen** kann sich Stuttgarts Kulturszene sehen und hören lassen.

019st Abb.: gk

91 [C5] **Altes Schauspielhaus,** Kleine Königstr. 9, Haltestelle: Stadtmitte/Rotebühlplatz, U2, U4, U14, S1, S2, S3, S4, S5, S6, Tel. 2265505, www.schauspielbuehnen.de. Im schönen Jugendstilgebäude mit rund 500 Sitzplätzen im Theatersaal pflegt man niveauvolle Unterhaltung, ob als Musical oder Klassikerinszenierung mit aktuellem Bezug, Bühnenfassung erfolgreicher Filme oder Komödie. Unter derselben Intendanz steht die Komödie im Marquardt in der Bolzstraße mit knapp 380 Plätzen und einem Programm aus Boulevard, klassischen Lustspielen und Liebeskomödien sowie Dialektstücken.

92 [D5] **Fitz! Zentrum für Figurentheater,** Eberhardstr. 61a, Haltestelle: Rathaus, U1, U2, U4, www.fitz-stuttgart.de, Tel. 241541. Aus dem einstigen Puppen- und Marionettentheater entwickelte sich ein Figurentheater, eines der führenden Deutschlands.

93 [D3] **Friedrichsbau Varieté,** Friedrichstr. 24, Haltestelle: Friedrichsbau, Tel. 2257070, www.friedrichsbau.de. Seit 1994 wird hier ein buntes Programm aus Artistik, Comedy, fantasievollen Revuen, Clownerien und Varietékunst angeboten.

94 [D5] **Junges Ensemble Stuttgart,** Eberhardstr. 61a, Haltestelle: Rathaus, U1, U2, U4, Tel. 2184800, www.jes-stuttgart.de. Theater für Kinder und Jugendliche.

95 [C4] **Renitenztheater,** Büchsenstr. 26, Haltestelle: Stadtmitte/Rotebühlplatz, U2, U4, U14, S1, S2, S3, S4, S5, S6, Tel. 297075, www.renitenztheater.de. Stuttgarts älteste Kabarettbühne wurde Anfang der 1960er-Jahre gegründet. Die erste Garde streitbarer Politspötter und hintersinniger Querdenker und Wortakrobaten tritt hier auf. Mit anderen deutschen Kleinkunstbühnen ermittelt man in der gemeinsamen Kabarettbundesliga den Deutschen Meister, der Stuttgarter Besen ist ein Nachwuchswettbewerb. Im Theater finden 260 Zuschauer Platz.

96 [E3] **Staatstheater,** Oberer Schlossgarten 6, Haltestelle: Staatsgalerie, U1, U2, U4, U9, U14, Tel. 202090, www.staatstheater-stuttgart.de. Im Großen Haus finden 1400 Zuschauer Platz, dem Schauspiel- oder Kleinen Haus wurde noch ein Kammertheater beigesellt. Zum Dreispartenhaus gehören Oper, Schauspiel und Ballett. Schon mehrfach wurde die Staatsoper als „Opernhaus des Jahres" ausgezeichnet. Unter den legendären Choreografen John Cranko und Marcia Haydée zu Weltruhm gelangt, tanzt die Ballett-Compagnie nach wie vor an der Weltspitze. Das Schauspiel begeistert mit auch international beachteten Neuinszenierungen, muss wegen Baumängeln am Gebäude aber bis auf Weiteres auf andere Spielstätten ausweichen.

↻**97** [ch] **Theaterhaus,** Siemensstr. 11, Haltestelle: Pragsattel, U6, U7, U13, U15, Tel. 4020720, www.theaterhaus. com. Eine ehemalige Fabrikhalle des Rheinstahl-Werks auf dem Pragsattel wurde zum Kulturzentrum umgebaut. Das Theaterhaus bietet ein eigenen Ensembles ein Theater- und Tanzprogramm und verpflichtet für Gastspiele und Koproduktionen auch Comedy- und Kabarettkünstler. Außerdem gibt es Vorträge, Jazz- und Pop-Konzerte, Ausstellungen, Lesungen und ein Kinder- und Jugendprogramm. In den vier Hallen unter einem Dach reicht die Bandbreite von populärer Unterhaltung bis zu Experimentellem. Ostern stehen jährlich die Theaterhausjazztage im Programm.

↻**98** [C8] **Theater Rampe,** Filderstr. 47, Haltestelle: Marienplatz, U1, U14, www. theaterrampe.de, Tel. 620090916. Multimediale Inszenierungen vom Autorenprojekt im Fernsehturm über die Nummernrevue bis zur Playmobil-Performance.

Konzertkultur und -säle

Stuttgart hat eine **lebendige Jazzszene** mit gleich mehreren Festivals im jährlichen Veranstaltungskalender. **Klassikfans** wissen neben dem Opernhaus auch Konzerte der Philharmoniker, des Kammerorchesters (www.stuttgarter-kammerorchester. de) und des Radio-Sinfonieorchesters Stuttgart in der Liederhalle oder im Senderhaus des SWR zu schätzen. **Pop- und Rockkonzerte,** große **Sportevents** und **Shows** finden auch in der Hanns-Martin-Schleyer-Halle und der Porsche-Arena statt. Einmal

wöchentlich spielen bei der „**Musikpause**" im Fruchtkasten (s. S. 73) Studierende der Musikhochschule auf den historischen Instrumenten und ebenfalls einmal wöchentlich lädt die Stiftskirche ⑪ zur „**Stunde der Kirchenmusik**".

⊕**99** [D5] **Bix Jazzclub,** Leonhardsplatz 28, Haltestelle: Rathaus, U1, U2, U4, Tel. 4704313, www.bix-stuttgart.de, Di.–Sa. 18.30–2 Uhr. Der Jazzklub im Gustav-Siegle-Haus gehört zu den Top Ten in Europa, hier treten so renommierte Künstler wie Joshua Redman oder Wynton Marsalis auf. Als edle Lounge gestaltet, darf im oberen Stock mit eigener Bar und Zigarrenkarte geraucht werden, unten spielt die Musik und es wird getanzt. Dienstags präsentieren Studenten der Musikhochschule Stuttgart eigene Programme.

⊕**100** [fi] **Hanns-Martin-Schleyer-Halle,** Mercedesstr. 50, Haltestelle: NeckarPark, S1, www.schleyerhalle.de, Tel. 955440. Die Allzweckhalle mit 8500 Tribünenplätzen im NeckarPark füllen nur die ganz Großen von James Last bis James Blunt.

⊕**101** [B3] **Liederhalle,** Berliner Platz 1–3, Haltestelle: Berliner Platz, Linie U4, U9, U14, Tel. Ticketservice 2555555, www. liederhalle-stuttgart.de. Der Klassiker unter den Stuttgarter Konzerthallen mit hervorragender Akustik ist Teil des Kultur- und Kongresszentrums am Bosch-Areal. Die Liederhalle selbst wurde 1956 eröffnet.

⊕**102** [E4] **Musikhochschule,** Urbanstr. 25, Haltestelle: Charlottenplatz, U1, U2, U4, U5, U6, U7, U12, U15, Tel. 2124620, www.mh-stuttgart.de. In ihrer Ausbildungsstätte geben Studierende auch oft kostenlose Konzerte. Etwa einmal im Monat finden Orgelführungen statt.

⊕**103** [D5] **Philharmonie Gustav-Siegle-Haus,** Leonhardplatz 28, Haltestelle: Rathaus, U1, U2, U4, www.stuttgarterphilharmoniker.de. Der kleine Saal fasst etwa 50 Personen, der große rund 500. Hier haben die Stuttgarter Philharmoniker ihren Sitz.

↻**104** [fi] **Porsche-Arena,** Mercedesstr. 50, Haltestelle: NeckarPark, S1, Tel. 955440, www.porsche-arena.de. Die Halle im NeckarPark mit rund 6000 Tribünensitzplätzen steht für Sportevents und Konzerte.

↻**105** [di] **SWR,** Neckarstr. 230, Haltestelle: Metzstraße, Tel. 9292591, www.swr.de/rso. Bei der Reihe „RSO Classix am Mittag und afterWork" kann man das renommierte Radio-Sinfonieorchester in legerem Rahmen erleben, um 13 und um 18.30 Uhr.

Stuttgart für Kunst- und Museumsfreunde

In der Region Stuttgart präsentieren städtische, Landes- und Firmenmuseen nicht nur museale Schätze, skurrile Alltagsgegenstände, Traumautos und Dinosaurier, sondern sorgen mit ihrer spannenden Architektur auch für ungewöhnliche Raumerlebnisse.

Alte Meister und klassische Moderne in der **Staatsgalerie** ⑳ und die große Otto-Dix-Sammlung im **Kunstmuseum** ❽ bilden das hochkarätige Fundament der Museumslandschaft; Württembergischer Kunstverein, Künstlerhaus und Sonderausstellungen der beiden Kunstmuseen bringen auch internationale Trends nach Stuttgart. Zu den Top Ten bei Stuttgarts Besuchern gehören außerdem die **Automuseen von Porsche** ㊻ und **Mercedes-Benz** ㊹ sowie das **Landesmuseum** ❾ im Alten Schloss und das **Naturkundemuseum** (㉖ und ㉘) im Rosensteinpark.

Museen, die mit einer magentafarbenen Nummer (**⑲**) als Hauptsehenswürdigkeit ausgewiesen sind, werden im Kapitel „Stuttgart entdecken" ausführlich beschrieben. Dort finden sich auch alle praktischen Informationen wie Adresse, Öffnungszeiten usw.

Museen

🏛**106** [fh] **Gottlieb-Daimler-Gedächtnisstätte,** Taubenheimstr. 13, Bad Cannstatt, Haltestelle: Daimlerplatz oder Kursaal, U2, Tel. 1730000, Di.–Fr. 14–17, Sa., So. 11–17 Uhr, Eintritt frei. In dem Gartenhäuschen, in dem Daimler an seinem Viertaktmotor tüftelte, wird heute über das Leben und Werk des Ingenieurs informiert und es sind Modelle der ersten Motoren und Gefährte ausgestellt.

⑲ [E4] **Haus der Geschichte.** Dauer- und Wechselausstellungen zur Geschichte des deutschen Südwestens.

🏛**107** [D5] **Hegel-Haus,** Eberhardstr. 53, Haltestelle: Stadtmitte/Rotebühlplatz, U2, U4, U14, S1, S2, S3, S4, S5, S6, Tel. 2166733, www.stuttgart.de/hegelhaus, Mo.–Mi. 10–17.30, Do. 10–18.30, Fr. 10–17.30 Uhr, Eintritt frei. Im Geburtshaus von Georg Friedrich Hegel wird an den Philosophen erinnert, der vermutlich am 27. August 1770 in der Dachgeschosswohnung das Licht der Welt erblickte. Er lebte bis 1788 in Stuttgart und starb 1831 in Berlin. Die Ausstellungen „Stuttgart zur Zeit Hegels 1770–1831" und „Von Stuttgart nach Berlin" zeichnen sein Leben nach.

❯ **Junges Schloss,** im Landesmuseum ❾, www.junges-schloss.de, Di.–So. 10–17 Uhr, Eintritt 3,50 €, Kinder bis 12 Jahre 2 €, Schüler 2,50 €, Familienkarte 6 € (ein Erw.) oder 9 € (zwei Erwachsene). Im Kindermuseum des Landesmuse-

Stuttgart für Kunst- und Museumsfreunde

Museums-Pass

Seit Januar 2012 gibt es in der Region Stuttgart einen Museums-Pass. Damit erhalten Kunst- und Kulturinteressierte **freien Eintritt in die vielfältigen Dauer- und Sonderausstellungen** der Mitgliedsmuseen. Für Einwohner attraktiv ist der Jahres-Pass, für Touristen gibt es einen Kurzzeit-Pass, der 48 Std. gültig ist. Zu den **Mitgliedsmuseen** gehören z. B. das Haus der Geschichte ⓳, das Landesmuseum ❾, das Linden-Museum ㉞, das Mercedes-Benz ㊹ und das Porsche-Museum ㊻, die Staatsgalerie Stuttgart ⓴, das Naturkundemuseum

(siehe ㉖ und ㉘) und das Weißenhofmuseum (s. S. 47).

❯ www.museumspass.com. Jahres-Pass (gültig 1 Jahr, mit Passbild, nicht übertragbar): Tarif 1 (1 Person und 5 Kinder unter 18 Jahren) 76 €, Tarif 2 (2 Personen und 5 Kinder unter 18 Jahren) 132 €. Für Schüler, Studenten, Auszubildende, Arbeitslose, Behinderte und Lehrer gibt es ermäßigte Tarife. Der Kurzzeit-Pass (gültig für 48 Stunden für 1 Erwachsenen und 1 Kind unter 18 Jahren, nicht übertragbar) kostet 26 €. Die Pässe sind in den Mitgliedsmuseen erhältlich.

ums können sich Kinder ab 4 Jahre auf Schatzsuche begeben, Steinzeithöhlen, Ritterburgen und römische Märkte erkunden.

❽ **[D4] Kunstmuseum.** Gegenwartskunst und Werke von Otto Dix werden in einem spektakulären Glaswürfel präsentiert.

❾ **[D4] Landesmuseum.** Im Alten Schloss steht die Geschichte Baden-Württembergs im Mittelpunkt. Seit der letzten Renovierung zeigt die neue Ausstellung „LegendäreMeisterWerke".

㉞ **[B2] Linden-Museum.** Das Völkerkundemuseum stellt die Kulturen der außereuropäischen Kontinente vor, unter anderem mit dem originalgetreuen Nachbau einer afghanischen Basarstraße.

㊹ **[fj] Mercedes-Benz-Museum.** Seit über 125 Jahren gibt es Automobile – im auch architektonisch spannenden Museumsbau von Mercedes wird die Geschichte des Autos anhand von Traumkarrossen dokumentiert, es gibt aber auch Nutzfahrzeuge und viele Bilder zu sehen.

㉖ **[dh] Museum am Löwentor.** Das Museum beherbergt die paläontologische Sammlung des Naturkundemuseums.

㉘ **[di] Museum Schloss Rosenstein.** In Schloss Rosenstein ist die biologische Sammlung des Naturkundemuseums zu sehen.

㊻ **Porsche-Museum.** Für Autofans ein Muss: Das Museum zeigt rund 80 Klassiker und aktuelle Modelle des Sportwagenbauers.

🏛108 **[ej] Schweinemuseum,** Schlachthofstr. 2a, Haltestelle: Schlachthof, U9, www.schweinemuseum.de, Tel. 66419600, täglich 11–19.30 Uhr, Eintritt 4,90 €, ermäßigt 4 €/2,50 €. Das Museum im Alten Schlachthof zeigt in 25 Themenräumen Kunst und Kitsch rund ums Schwein.

🏛109 **[D3] Skateboardmuseum,** Friedrichstr. 23a, Haltestelle: Friedrichsbau, U9, U14, Tel. 0172 7484286, www.skateboardmuseum.de, So. 16–20 Uhr, Eintritt frei. Im Untergeschoss des Stuttgarter Filmhauses sind alte Boards, Plakate und Bekleidung sowie Schuhe ausgestellt.

⓴ **[F3] Staatsgalerie Stuttgart.** In einem der renommiertesten Museen Deutschlands werden Kunstwerke aus der Zeit vom Mittelalter bis zur Gegenwart gezeigt.

110 [ei] **Straßenbahnwelt Stuttgart,** Veielbrunnenweg 3, Haltestelle: Bad Cannstatt Bahnhof, S1, S2, S3, Tel. 78857770, www.straßenbahnwelt.com, Mi. 10–17, Do. 17–21, Sa., So. 10–17 Uhr, Eintritt 4 €, ermäßigt 3 €, Familien 10 €. Im denkmalgeschützten Straßenbahndepot Bad Cannstatt aus dem Jahr 1929 steht unter anderen Veteranen auch ein 1868 in Betrieb genommener Pferdebahnwagen. Anschaulich gemacht wird die Geschichte des Stuttgarter Nahverkehrs durch die Fahrzeugsammlung und durch Themeninseln.

111 [bi] **Theodor-Heuss-Haus,** Feuerbacher Weg 46, Haltestelle: Killesberg, U5, U12, Tel. 2535558, www.stiftung-heuss-haus.de, Di.–So. 10–18 Uhr, Eintritt 2 €, bis 18 Jahre frei. In seinem letzten Domizil wird in rekonstruierten Räumen an den Staatsmann Theodor Heuss erinnert.

112 [gk] **Weinbaumuseum Alte Kelter,** Uhlbacher Platz 4, Haltestelle: Obertürkheim, S1, dann Bus 62 bis Uhlbach, Tel. 325718, www.weinbaumuseum. de., März.–Nov. Sa. 14–18, So. 11–18 Uhr, Wiedereröffnung Juni 2012. Das Museum in einer historischen Ortskelter informiert über die Arbeit der Winzer und die Weinbaugeschichte von der Römerzeit bis heute.

113 [ci] **Weißenhofmuseum,** Rathenaustr. 1–3, Haltestelle: Killesberg, U5, U12, www.weissenhof.de, Tel. 2579187, Di.–Fr. 11–18, Sa./ So. 10–20 Uhr, Eintritt 5 €, ermäßigt 2 €, Kinder bis 10 Jahre frei. Führungen Di.–Fr. 15, Sa./So./Feiertage 11

▶ *Der gläserne Würfel des Kunstmuseums* **8**

▶ *Das Weißenhofmuseum befindet sich in einem Bau von Le Corbusier*

Stuttgart für Kunst- und Museumsfreunde

und 15 Uhr, kleine Führung (45 Min.) 4 €, ermäßigt 3,50 €, große Führung (90 Min., inkl. Rundgang durch die Weißenhofsiedlung **23**) 6 €, ermäßigt 4,50 €. In einem Gebäude von Le Corbusier befindet sich in der einen Hälfte das Museum, die andere Haushälfte zeigt das Haus im Zustand von 1927.

Kunstgalerien und Kulturhäuser

Neben privaten Kunstgalerien gibt es in Stuttgart auch Künstlerhäuser und Kunstvereine, die Ausstellungen organisieren und teilweise auch Ateliers und Fördermöglichkeiten für junge Künstler bieten.

☞114 [A2] **GEDOK Atelierhaus,** Hölderlinstr. 17, Haltestelle: Russische Kirche, U4, Tel. 297812, www.gedok-stuttgart. de, Mi. 9.30–13, Do. 15–18 Uhr. Die 1926 gegründete GEDOK, die Gemeinschaft der Künstlerinnen und Kunstfreunde, ist ein bundesweit agierender, gemeinnütziger Verein, in dem alle künstlerischen Disziplinen vertreten sind: Bildende Kunst, Film, Fotografie, Literatur, Rezitation, Kunsthandwerk, Musik, Performance und Tanz. Als spartenübergreifendes Kulturzentrum hat sich das Atelierhaus der GEDOK mit Galerie und Konzertsaal etabliert.

☞115 [E4] **IfA-Galerie,** Charlottenplatz 17, Haltestelle: Charlottenplatz, U1, U2, U4, U5, U6, U7, U12, U15, Tel. 22250, www.ifa.de, Di., Mi., Fr. 12–18, Do. 12–20, Sa., So. 12–18 Uhr. Das Institut für Auslandsbeziehungen (IfA) konzipiert im Auftrag des Auswärtigen Amts Ausstellungen mit deutscher Kunst, die dann ins Ausland geschickt werden. In den „Filialen" in Berlin und Stuttgart ist es aber umgekehrt: Die Galerie im alten Waisenhaus präsentiert zeitgenössische Kunst, Design und Architektur anderer Kontinente und stellt Kunstszenen aus aller Welt vor.

☞116 [A6] **Künstlerhaus Stuttgart,** Reuchlinstr. 4b, Haltestelle: Schwabstraße, S1, S2, S3, S4, S5, S6, Tel. 617652, www.kuenstlerhaus.de. Das 1978 von Stuttgarter Künstlern gegründete Haus in einer ehemaligen Kofferfabrik präsentiert in Ausstellungen und bei Veranstaltungen Gegenwartskunst, darunter u. a. Einzelpräsentationen von Andreas Gursky und Cosima von Bonin sowie themenbezogene Projekte.

☞117 [D5] **Kunstbezirk Stuttgart,** Leonhardsplatz 28, Haltestelle: Rathaus, U1, U2, U4, Tel. 237510, www.kunstbezirk-stuttgart.de, Di.–Fr. 15–19, Sa. 15–18 Uhr. Die nicht kommerzielle Galerie im Gustav-Siegle-Haus fördert vornehmlich Künstler aus dem Raum Stuttgart und Baden-Württemberg. Träger ist der Förderkreis Bildender Künstler.

☞118 [B3] **Literaturhaus Stuttgart,** Breitscheidstr. 4, Haltestelle: Berliner Platz, U2, U4, U9, U14, Tel. 2202173, www. literaturhaus-stuttgart.de. Das Literaturhaus im Bosch-Areal bildet zusammen mit Liederhalle und Kinokomplex eine Art Kulturensemble nahe dem Berliner Platz. Sowohl internationale als auch lokal verwurzelte Literatur wird von verschie-

EXTRATIPP
Kunst unter freiem Himmel
„Roter Baum", „Points of View" oder „Abendstern" – in der Landeshauptstadt gibt es einige spannende Kunstwerke im öffentlichen Raum zu entdecken. Das Kulturamt der Stadt hat **vier „Kunstrouten" zu den Skulpturen, Reliefs, Plastiken und Mahnmalen** erarbeitet. Die Innenstadtroute erschließt Königstraße, Schlossplatz und Kulturmeile, die anderen drei Routen führen in den Stuttgarter Westen, zur Universität und auf den Killesberg.

❯ www.stuttgart.de/plastiken

022st Abb.: gk

denen Seiten beleuchtet. Neben Lesungen, Ausstellungen und Diskussionen gibt es Kooperationen mit dem SWR und der Stuttgarter Zeitung sowie das Junge Literaturhaus für Kids und Schreibwerkstätten. Zum Komplex gehören auch eine kleine, feine Buchhandlung und das gut besuchte Restaurant Vinum.

❭ **Württembergischer Kunstverein,** im Kunstgebäude ❻ , www.wkv-stuttgart. de. Der Kunstverein versteht sich nicht nur als Forum für junge Künstler des Bundeslands, sondern auch für Zeitgenössisches aus aller Welt.

▲ *Ein beliebter Aussichtsplatz mitten in der Stadt – der Galateabrunnen an der Eugenstaffel (s. S. 80)*

Stuttgart zum Träumen und Entspannen

Wohlfühlorte gibt es in Stuttgart jede Menge. Dazu zählen im Sommer die vielen Parks und insbesondere die Grünanlagen auf den Anhöhen wie dem Killesberg und der Karlshöhe.

In den **Höhenpark Killesberg** ㉒ nimmt man einfach eine Decke und ein Buch oder Frisbeescheibe und Federballschläger mit, je nachdem, was man unter Entspannung versteht – Ruhe oder Bewegung. Ein stimmungsvoller Ort für Verliebte ist auch die **Wilhelma** ㉙ , und zwar nicht nur zur Blütenzeit der Magnolien Ende März, Anfang April. Auch auf den Bänken am Seerosenteich oder auf den sonnenbeschienenen Subtropenterrassen ist man Händchen haltend sich selbst genug. Das beschauliche Plätzchen oben an der **Eugen-**

Stuttgart zum Träumen und Entspannen

023st Abb.: gk

EXTRATIPP

Ich will einfach nur hier sitzen
The place to be? Wer als **Langschlä-fer** und **Morgenmuffel** seinen Kaffee samt Zeitung in Ruhe genießen will, ist im **Scholz** (s. S. 35) gut aufgeho-ben – werktags gibt es Frühstück bis 21, So. bis 18 Uhr. Ganz für sich allein kann man im **Höhenpark Killes-berg** ㉒ sein. Weil die große Wiese im Tal der Rosen in einen Teil zum Liegen und einen zum Spielen unter-teilt ist, steht auch einem Nickerchen oder dem entspannten Sonnenbad nichts im Weg.

Im **Hüftengold** (s. S. 34), im **Café Kaiserbau** (s. S. 34) und im **Fleck & Schneck** (s. S. 34) kann man in Ruhe Zeitungen und Zeitschriften lesen.

staffel (s. S. 80) beim prachtvollen Galateabrunnen wird ein wenig durch Verkehrslärm beeinträchtigt, bezau-bert aber durch die herrliche Aus-sicht. Stadtnah ist der Schlossgarten, aber manch einer kommt gar nur bis zum **Schlossplatz** ❺ – die Rasenflä-chen hier werden den ganzen Som-mer über für die kurze Pause mitten in der City genutzt.

An ganzen heißen Tagen zieht es Faulenzer und Sonnenanbeter nicht nur auf die luftigeren Anhöhen, son-dern auch zu den Liegestühlen an den **Neckarstrand.** Gegenüber der Wilhelma wird am Cannstatter Neckarufer Sand aufgeschüttet, vom Büdchen gibt es Getränke (www. stadtstrand.com).

An lauen Sommerabenden ist der nächtliche Blick auf die Lichter der Stadt nicht zu toppen. Im **Biergarten Tschechen & Söhne** (s. S. 37) auf der Karlshöhe ㊴ kann man ihn ebenso genießen wie beim **Jugendstilpavil-lon Teehaus** (s. S. 37) im Weißenburg-

park ㊲. Unten in der Stadt sitzt man beim Wein im lauschigen Hinterhof der **Weinstube Fröhlich** (s. S. 34) im Kerzenlicht oder vor dem **Weinhaus Stetter** (s. S. 34) im Bohnenviertel ⑱. Plätze mit Flair und „Hinterhofatmo-sphäre" bietet gerade das **Bohnen-viertel** aber auch tagsüber.

◀ *Am Stadtstrand am Cannstatter Neckarufer wird man auch mit kühlen Getränken versorgt*

Am Puls der Stadt

003st Abb.: sm

Das Antlitz der Stadt

Im Krieg stark zerstört, wurde in der Wiederaufbauphase ab 1945 eine nüchterne und zweckmäßige Innenstadt geschaffen, der es aber an Wohnqualität mangelte. Immer häufiger wurde der Verlust des historisch gewachsenen Stadtbilds beklagt. Seither erfahren die verbliebenen Straßenzüge wie im Bohnen- und Leonhardsviertel oder in der Calwer Straße und erhaltene Stadtteile wie das Heusteig- oder Lehenviertel neue Wertschätzung. Auch neue Verkehrskonzepte sollen das Stadtzentrum als Arbeits- und Wohngebiet wieder attraktiver machen.

Kessellage

Das auffälligste Merkmal der Landeshauptstadt Baden-Württembergs ist ihre **Topografie**, die durch ein **ständiges Auf und Ab** charakterisiert ist. Das Zentrum liegt im sogenannten **Stuttgarter Kessel** – Nesenbach, Vogelsangbach und andere dem Neckar zufließende Wasserläufe schufen diese Senke zwischen „Wald und Reben". Rundherum ziehen sich bewaldete Hügel und Weinberge mit Wohnvierteln in gediegener und teurer „Halbhöhenlage". Das Stadtgebiet erstreckt sich über eine **Höhendifferenz von fast 350 Metern**, das macht die Viertel sehr abwechslungsreich. Zu den markanten Erhebungen der Hügelkette rund um das Stadtzentrum gehören der Birkenkopf (511 m),

der Frauenkopf (462 m), der Württemberg (411 m) und der Grüne Heiner (395 m).

Der **Neckar** trennt Stuttgart vom ehemals unabhängigen **Bad Cannstatt.** Das im Jahr 1905 eingemeindete Örtchen hat bis heute sein Selbstbewusstsein bewahrt. Rechts des Neckars ziehen sich auch das Volksfestgelände des Cannstatter Wasen und die großen Sportanlagen des NeckarParks entlang, mit der zum Fußballstadion umgebauten Mercedes-Benz-Arena, dem Mercedes-Benz-Museum **⑭** und dem anschließenden Werksgelände in Untertürkheim. Die angrenzenden **Weinberge** und Weindörfer **Rotenberg** und **Uhlbach** sind für Stuttgarter beliebte Ausflugsziele.

Die Stadt ist in **23 Bezirke** aufgeteilt, fünf innere und 18 äußere. Der eigentliche Innenstadtbereich wird (auch oft bei Adressangaben) mit Stuttgart-Mitte, Stuttgart-Nord, -Ost, -West und -Süd noch differenziert, bei den Höhenlagen wie Killesberg und den eingemeindeten Orten wie Bad Cannstatt oder Vaihingen wird dies in der Regel zur Orientierung noch zusätzlich angegeben.

Aufgrund der Kessellage sind **steile Straßen** in Stuttgart keine Seltenheit und manche davon endet als Sackgasse vor einer Treppe oder Mauer. Neben den rund **400 Stäffele**, den **historischen Treppenanlagen** an den Hängen, gibt es eine **Seil- und eine Zahnradbahn** sowie zahllose **Tunnel,** durch die der unkundige Besucher sich schneller in die Stuttgarter Vororte verirrt als ihm womöglich lieb ist. Der schon in den 1940er-Jahren angelegte Wagenburgtunnel diente ursprünglich als Luftschutzkeller und war bei der Eröffnung 1958 mit 824 Metern der längste Straßentun-

◀ *Vorseite: Blick von der Stiftskirche* **⑪** *auf das Alte Schloss, in dem sich das Landesmuseum* **❾** *befindet*

Die Stadt in Zahlen

> **Gegründet:** Vermutlich wurde Stuttgart Mitte des 10. Jahrhunderts als Gestüt (Stutengarten) im Nesenbachtal gegründet. Neuere archäologische Funde belegen aber noch ältere alemannische Siedlungsspuren. 1219 erhielt Stuttgart die Stadtrechte.

> **Einwohner:** Mit 581.000 Einwohnern (Stand 2011) ist Stuttgart die sechstgrößte Stadt Deutschlands. Im Großraum leben 2,7 Mio. Einwohner.

> **Bevölkerungsdichte:** 2925 Einwohner pro km²

> **Fläche:** 207,35 km². Rund die Hälfte davon gilt als Siedlungs- und Verkehrsfläche, 24 % sind Waldgebiete und 23,1 % landwirtschaftlich genutzte Flächen.

> **Höhe:** 245 m ü. NN. Das Stuttgarter Stadtbild wird durch viele Anhöhen und Täler geprägt, die Höhendifferenz zwischen tiefstem (207 m ü. NN am Neckar) und höchstem Punkt (549 m ü. NN nahe dem Autobahnkreuz Stuttgart) beträgt rund 350 Meter.

> **Stadtbezirke:** 23 Stadtbezirke, davon fünf innere und 18 äußere, mit 152 Stadtteilen. Die fünf inneren Stadtbezirke sind Stuttgart-Mitte, Stuttgart-Nord, Stuttgart-Ost, Stuttgart-Süd und Stuttgart-West.

> **Politik:** Als Landeshauptstadt und politisches Zentrum Baden-Württembergs ist Stuttgart Sitz der Landesregierung, des Landtags und der Landesbehörden. Auch das Regionalparlament der Region Stuttgart tagt hier. Im für fünf Jahre gewählten Landtag sitzen 138 Abgeordnete, gegenwärtig 60 CDU-Politiker, 36 Grüne, 35 SPD- und 7 FDP-Vertreter.

> **Religion:** 26 % der Einwohner sind katholisch, etwa 30 % evangelisch, 11,3 % muslimisch. Der verbleibende Rest ist konfessionslos oder gehört anderen Religionen an.

> **Mineralquellen:** Nach Budapest verfügt Stuttgart über das größte Mineralwasservorkommen Europas. Bis zu 44 Millionen Liter an Mineral- und Thermalwasser entspringen täglich aus dem Bad Cannstatter und Berger Untergrund, etwa die Hälfte davon tritt ungenutzt in den Neckar und die Neckartalaue über, die andere Hälfte wird durch Brunnen erschlossen oder in den drei Mineralbädern genutzt.

nel Deutschlands. Die ältesten Eisenbahntunnel wurden schon Mitte des 19. Jahrhunderts angelegt. Im Rahmen des Ausbaus von „Stuttgart 21" soll der geplante, knapp 10 Kilometer lange Fildertunnel Hauptbahnhof und Flughafen verbinden.

Urbane Architektur

Architektur und Stadtplanung führten in der Geschichte Stuttgarts häufig zu Auseinandersetzungen zwischen Traditionalisten und Verfechtern der Moderne. In den 1920er-Jahren hatte die **Weißenhofsiedlung** ㉓ mit ihrer radikalen, kubistischen Umsetzung des rationellen „Neuen Bauens" schon konservative Kritiker, bevor die Nationalsozialisten an die Macht kamen. Als traditionalistisches Gegenmodell entstand 1933 in unmittelbarer Nähe jenseits des alten Messegeländes die **Kochenhofsiedlung**. Mehrere Architekten aus dem Stuttgarter Raum errichteten hier unter Leitung von Paul Schmitthenner eine Siedlung aus Eigenheimen in Holzbauweise. Pflicht war dabei eine Ausführung mit Satteldach – für die Nationalsozialisten bildete der Verzicht auf „undeutsche" Flachdächer den Kern ihrer Ablehnung moderner Bauformen (www.kochenhof.de).

Im **Zweiten Weltkrieg** wurde Stuttgart durch Luftangriffe weitgehend zerstört. In der **Nachkriegszeit** wiederholte sich beim Wiederaufbau die ideologiegeladene Auseinandersetzung um Traditionalismus und Fortschritt – manches fiel erst jetzt der Spitzhacke zum Opfer. Mit dem nüchternen **Rathaus** beispielsweise, das 1955 das nur teilweise zerstörte neugotische Rathaus ersetzte, haben sich viele Stuttgarter immer noch nicht angefreundet. Nicht die originalgetreue Rekonstruktion der in Trümmern liegenden alten Residenz war das Ziel, sondern der Aufbruch in eine neue Zeit. Bis Mitte der

024st Abb.: gk

1950er-Jahre etwa wurde eine lebhafte Diskussion über das weitere Schicksal des abgebrannten **Neuen Schlosses** geführt. Die Pläne reichten vom völligen Abriss zugunsten eines Hotels oder des Sitzes der Bundesregierung bis zum Wiederaufbau und einer Nutzung als Museum. Erst 1957, nach heftigem Protest von Bürgern und Denkmalschützern, fiel im Landtag die Entscheidung, das historische Gebäude zu rekonstruieren. Eine der größten Bausünden ist sicher der Abriss des **Kaufhauses Schocken** Anfang der 1960er-Jahre. Das von Erich Mendelsohn entworfene Gebäude, eigentlich ein Architekturdenkmal ersten Ranges, musste einem Funktionsbau weichen, der längst auch schon wieder abgerissen wurde.

Neben den ohnehin international beachteten Solitären wie dem Fernsehturm ❷ und der Liederhalle (s. S. 44) sind noch einige weitere Beispiele der **Architektur der 1950er-Jahre** wiederzuentdecken und nicht alles, was in dieser Ära entstand, war nur monoton, funktional und der Not der Nachkriegszeit geschuldet. Das Ensemble der Häuser rund um den **Marktplatz** ⓮ etwa, das noch der historischen Platzstruktur folgt, entwickelt mit seinen farbigen Fassaden einen ganz eigenen Reiz.

Vor allem das Ideal einer „autogerechten" Stadt prägte in der Aufbauzeit viele Entscheidungen. 1955 musste etwa das historische Friedrichsbau-Varieté dem sechsspurigen Ausbau der Theodor-Heuss-Straße weichen. Auch die Konrad-Adenauer-Straße zerschneidet die Innenstadt in Längsrichtung und 1963 wurde das 1944 ausgebrannte Kronprinzenpalais abgerissen, um den Verkehr unterirdisch durch die Planietunnelröhren zu führen. Diese erhielten einen oberirdischen Betondeckel, den **Kleinen Schlossplatz**, mitsamt einem von Architekten entwickelten Bebauungskonzept. Das 1968 fertiggestellte Beton-Ensemble wurde erst gefeiert, dann als städtebaulicher Schandfleck kritisiert. Mit dem Bau des 2005 eröffneten **Kunstmuseums** ❽ mitsamt neuer Treppenanlage erfuhr dieser zentrale Stuttgarter Ort eine weitere Neugestaltung, die nach anfänglichen Kontroversen heute einhellig begrüßt wird.

Wie wenig bieder die Stadt sich im 21. Jahrhundert zeigt, beweisen insbesondere die Neubauten der letzten Jahre. Vor allem einige der **Museen** haben Architekturgeschichte geschrieben: die **Staatsgalerie** ⓴ gilt als bedeutendes Werk der Postmoderne, das **Mercedes-Benz-Museum** ㊹ als bauliche Meisterleistung der „Digitalmoderne". Nicht minder spektakulär wirkt das **Porsche-Museum** ㊻. Im Herbst 2011 eröffnete die neue **Stadtbibliothek am Mailänder Platz** ㉕. Der koreanische Architekt Eun Young Yi entwarf einen Kubus mit symmetrisch gegliederten Fassaden aus Glasbausteinen, die nach Einbruch der Dunkelheit blau illuminiert werden.

Stuttgart ist eine Stadt voller **Baustellen,** was für Einwohner wie Besucher gleichermaßen lästig ist, aber auch von dem Anspruch zeugt, sich zu bewegen, nicht stehen zu bleiben. Allerdings entsteht auch viel gesichtslose Stahl- und Glasarchitektur auf den Neubauflächen. Größtes Projekt für die nächsten Jahre bleibt **Stuttgart 21** (s. S. 63), der Umbau des Hauptbahnhofs zum unterirdischen Bahnknotenpunkt. Die oberirdischen Gleisanlagen, die bisher den Stuttgarter Norden vom Osten trennten, werden abgetragen und mit neuen Stadtquartieren bebaut. Während heute der Bahnhof das Ende der Innenstadt markiert, soll diese dann noch wachsen: Auf dem Areal am Mailänder Platz entsteht rund um die neue Stadtbibliothek das **Europaviertel** mit riesigen Bürokomplexen. 2015 sollen hier im Shoppingcenter Milaneo rund 200 Geschäfte einziehen. Und am nördlichen Rand der Innenstadt, nahe dem Pragfriedhof, sollen auf einer Fläche von 60 Hektar Neubauten und eine neue S-Bahn-Haltestelle das **Rosensteinviertel** besser in die Stadt integrieren. Die Frage, an der sich auch der Protest entzündete, nämlich ob diese Geschäfts- und Büroquartiere die Stadt für ihre Bürger attraktiver machen, ist nach wie vor unbeantwortet.

Von den Anfängen bis zur Gegenwart

Im 13. Jahrhundert erhielt die Siedlung das Stadtrecht, im 14. Jahrhundert wurde sie Sitz der Grafen von Württemberg und zu Beginn des 19. Jahrhunderts Königsstadt. Mit der Industrialisierung ab Mitte des 19. Jahrhunderts setzte sich der Aufschwung der Haupt- und Residenzstadt noch fort. Trotz Wirtschaftskrisen, politischer Umbrüche und Kriege im 20. Jahrhundert, unter denen die Stadt zu leiden hatte, sorgten die weltweit erfolgreichen Unternehmen

◀ *Die Mischung aus Historischem und Neuem ist für Stuttgart typisch – und Platz fürs „heilig' Blechle" gibt es auch*

Von den Anfängen bis zur Gegenwart

wie Daimler, Porsche und Bosch für wirtschaftlichen Erfolg und ein solides finanzielles Fundament in der Region. Seit 1952 ist Stuttgart als Landeshauptstadt Baden-Württembergs auch wieder politisches Zentrum Südwestdeutschlands.

1. Jahrhundert n. Chr.: Das Römerkastell am Neckarlimes bezeugt die Existenz eines Militärlagers beim heutigen Bad Cannstatt. Hier kreuzten sich mehrere Römerstraßen.

Frühzeit: Neuere archäologische Grabungen deuten auf eine Besiedlung ab dem 7. Jahrhundert hin. Herzog Luitolf von Schwaben siedelt – wohl im 10. Jahrhundert – ein Gestüt (Stuotgarten) nahe dem Nesenbach an. Zu dessen Schutz dient eine Wasserburg, das spätere Alte Schloss. Bis heute sind Pferde das Wahrzeichen der Stadt: Schon das erste Wappen von 1286 zeigt zwei Pferde und schwarz auf goldenem Grund ziert das Stuttgarter „Rössle" das heutige Stadtwappen.

Mittelalter: Im Jahr 1160 ist die erste schriftliche Erwähnung Stuttgarts dokumentiert. 1219 erhält die Siedlung die Stadtrechte. Seit dem Jahr 1316 ist die mittelalterliche Kaufmannsstadt auch Residenz der Grafen von Württemberg. Das Alte Schloss wird erweitert, eine Stadtmauer gebaut. Mitte des 15. Jahrhunderts wird die Stadt mit einem zweiten Befestigungsring umgeben. Der Münsinger Vertrag erklärt Stuttgart 1482 zur Haupt- und Residenzstadt Württembergs, ein Jahr später verlegt Graf Eberhard im Bart seinen Hof von Urach nach Stuttgart. 1495 wird Württemberg zum Herzogtum erhoben.

Herzog Christoph von Württemberg wacht über Schlossplatz ❺ und Königstraße

Frühe Neuzeit: 1534 führt Herzog Ulrich die Reformation ein. Im 16. und 17. Jahrhundert prägen die Umwälzungen der Reformation und kriegerische Konflikte wie der Bauernkrieg und der Dreißigjährige Krieg auch den Südwesten des Heiligen Römischen Reiches.

18. Jahrhundert: Als Kaserne für die Leibgarde des Herzogs wird 1705 das Alte Waisenhaus erbaut, aber schon bald verlegt Herzog Eberhard Ludwig die Residenz nach Ludwigsburg. Mitte des 18. Jahrhunderts wird der Grundstein für das Neue Schloss gelegt, die Bedingung für die Rückkehr von Herzog Carl Eugen, der ebenfalls in Ludwigsburg residiert, nach Stuttgart. Doch die Arbeiten an der weitläufigen Anlage mit 365 Zimmern ziehen sich über sechs Jahrzehnte hin, 1764 verlegt der Herzog die Residenz abermals nach Ludwigsburg.

Im Westen der Stadt lässt Carl Eugen als Sommersitz auf einem bewaldeten Hügel Schloss Solitude erbauen. Weil die absolutistische Hofhaltung die etwa 15.000 Stuttgarter Einwohner mit Abgaben und Frondiensten über Gebühr belastet, verweigern sich die Stuttgarter Ämter einer neuerlichen Steuererhöhung.

Erste Hälfte des 19. Jahrhunderts: Zu Beginn des neuen Jahrhunderts hat die Stadt 21.000 Einwohner. Im Jahr 1806 wird Stuttgart Hauptstadt des Königreichs Württemberg – vier Könige regieren 112 Jahre lang in Stadt und Land. Der Königshof nimmt auch als Bauherr Einfluss auf die Entwicklung der Residenzstadt: Während die Planungen für das spätbarocke Neue Schloss schon weit zurückliegen, wird es nach rund 60 Jahren Bauzeit erst jetzt vollendet. Die mittelalterliche Stadtbefestigung wird abgetragen, der Stadtgraben zur Prachtstraße (Königstraße) umgestaltet.

Um das Wachstum der Stadt zu fördern, werden Bauvorschriften erlassen und Bebauungspläne aufgestellt. Um die Brandgefahr einzudämmen, muss aus Stein gebaut werden.

Im weitläufigen Rosensteinpark entsteht in den 1820er-Jahren als Sommersitz das klassizistische Schloss Rosenstein. Als dort Mineralquellen entdeckt werden, soll als weiterer Bau ein Badehaus errichtet werden. Mit Verzögerung entstehen ab 1844 dann die maurischen Bauten der Wilhelma, eine „schwäbische Alhambra am Neckar". Nur ausgesuchte Gäste erhalten eine Einladung, auf seinem Landsitz im märchenhaft-orientalischen Baustil will der König meist ungestört bleiben. Kronprinz Karl und seine Gemahlin, die russische Zarentochter Olga, erhalten mit der Villa Berg ebenfalls einen Sommersitz. Hier orientiert sich der Architekt an italienischen Renaissancevillen.

Zweite Hälfte des 19. Jahrhunderts: Der Anschluss an die Eisenbahn ist für die Industrialisierung von großer Bedeutung. Der erste Bahnhof in der Bolzstraße wird 1846 in Betrieb genommen. Ab 1868 verkehrt in Stuttgart eine Pferdebahn,

ab 1884 fahren Straßenbahnen und die Zahnradbahn. Die ersten Tunnel werden gebaut, etwa 1896 der Schwabtunnel als Verbindung nach Heslach.

1870/71 schließen sich das Großherzogtum Baden und das Königreich Württemberg dem Deutschen Kaiserreich an. Die Stadt wächst enorm, 1846 hat Stuttgart erst 50.000 Einwohner, 1874 sind es rund 100.000 und im Jahr 1900 bereits über 175.000 Einwohner.

Der pompöse Marquardtbau von 1896 an der Königstraße beherbergt eines der vornehmsten Hotels der Stadt. Industriebetriebe verlassen aus Platzgründen oder wegen der Verkehrsanbindung den Talkessel und siedeln sich östlich am Neckar oder im Norden der Stadt an. Das städtische Bürgertum baut sich prächtige Villen in die Hanglagen – beste Weinberglagen werden zu vornehmen Wohnvierteln. Dabei entstehen auch die heute für Stuttgart so typischen Stäffele (Treppen).

Aber auch der Stadtkern wächst, ganze Straßenzüge mit mehrgeschossigen Gründerzeitbauten schaffen Wohnraum für die wachsende Bevölkerung. An der heutigen Heilbronner Straße wird 1868 bis 1872 das „Postdörfle" gebaut, die erste Arbeitersiedlung der Stadt für Beschäftigte der Post und der Bahn (im 2008 dort eröffneten Hotel Arcotel Camino, s. S. 124, wurden erhaltene Teile integriert).

Erste Hälfte des 20. Jahrhunderts: Mit Förderung König Wilhelms II. entstehen um 1910 repräsentative Bauten wie das Opernhaus und das (nicht mehr erhaltene) Schauspielhaus im Oberen Schlossgarten. Zugleich entwickelt eine Architektengruppe um Theodor Fischer und seine Schüler Paul Bonatz, Martin Elsässer und Paul Schmitthenner eine „Stuttgarter Schule", deren Bauten wie Kunstgebäude, Hauptbahnhof, Gustav-Siegele-Haus, Markthalle und Königin-

Olga-Bau noch heute prägende Akzente im Stadtbild setzen.

1918 dankt auch der württembergische König ab. Nach dem verlorenen Ersten Weltkrieg wird Stuttgart Landeshauptstadt von Württemberg.

Zur Zeit der Neuen Sachlichkeit und bei den ersten Versuchen funktionalen und rationellen Bauens zeigt sich Stuttgart experimentierfreudig: Die Weißenhofsiedlung entsteht 1927 als Mustersiedlung für Neues Bauen. Ein Jahr später wird der Tagblatt-Turm, das erste Stahlbeton-Hochhaus Deutschlands, als architektonische Sensation gefeiert, ihm gegenüber entsteht das Kaufhaus Schocken (das trotz weltweiter Proteste 1961 abgerissen wird).

Weltwirtschaftskrise und die Machtübernahme der Nationalsozialisten prägen auch Südwestdeutschland. Nach 1933 soll Stuttgart zur Gauhauptstadt und „Stadt der Auslandsdeutschen" ausgebaut werden. Die geplanten monumentalen Bauwerke und Straßenfluchten verhindert der Ausbruch des Zweiten Weltkriegs im Jahr 1939.

Stuttgart wird durch Bombenangriffe weitgehend zerstört – mehr als 60 Prozent der Stadt liegen in Schutt und Asche. Die Konzentration bedeutender Industriebetriebe in der Region hat die Stadt zur Zielscheibe gemacht. Beim Wiederaufbau wird funktionale Nachkriegsarchitektur hochgezogen, an eine Rekonstruktion des Alten im großen Stil ist nicht zu denken. Erster Oberbürgermeister nach Kriegsende wird 1945 Dr. Arnulf Klett.

Zweite Hälfte des 20. Jahrhunderts: Nur einige für das Stadtbild wichtige historische Bauten der Innenstadt, etwa Stiftskirche und Neues Schloss, und als einziger geschlossener Stadtraum der Schillerplatz werden rekonstruiert. Ansonsten erhält Stuttgart in den 1960er-Jahren städtebaulich ein neues Gesicht. Viele sachlich-funktionale Neubauten wollen sich bewusst von der Vergangenheit lösen. Zu den Abrisssünden gehören das Kaufhaus Schocken und das Kronprinzenpalais.

Aufgrund des Wohnraummangels entstehen am Rand der Stadt neue Siedlungen in mehrgeschossiger Bauweise und einfachster Ausstattung. Der Stadtkern soll Handel, Dienstleistungsgewerbe und Verwaltung vorbehalten bleiben.

Eine alte Idee wird politische Tatsache: 1952 wird das Land Baden-Württemberg gegründet, erster Ministerpräsident ist Reinhold Maier, Stuttgart wird Landeshauptstadt. Die Vorhaben der Badener, als eigenständiges Bundesland den Verbund zu verlassen, scheitert im Jahr 1970 an der mangelnden Mehrheit bei einer Volksabstimmung.

1967 werden die Universitäten Hohenheim und Stuttgart gegründet. 1983 wird die Königstraße zur Fußgängerzone umgestaltet – als erste Deutschlands. Anlässlich der Gartenschauen 1977 und 1993 werden die Stuttgarter Parkanlagen nach und nach zum „Grünen U" zusammengeführt. Doch trotz der besonderen Lage im Talkessel bleibt man dem Ideal einer autogerechten Stadt verpflichtet, sodass die Innenstadt durch Lärm, Abgase und Verkehr zunehmend an Wohnqualität verliert. Betonbauten für Banken und Versicherungen entstehen und die Straßenschneisen der B14 und B27 zerschneiden die City. Viele Bewohner ziehen vor die Tore der Stadt.

Mehr als 20 Jahre, von 1974 bis 1996, steht Manfred Rommel als Oberbürgermeister an der Spitze der Stadtverwaltung. Dem beliebten CDU-Politiker folgt sein Parteikollege Wolfgang Schuster, der bis 2012 amtiert.

Das 21. Jahrhundert: Nicht zuletzt der Konflikt um Stuttgart 21 hat die politischen Verhältnisse in Baden-Württemberg verändert. Seit den Kommunalwahlen im Juni 2009 ist die Vorherrschaft der CDU beendet und die Grünen sind erstmals stärkste Fraktion im Gemeinderat der Landeshauptstadt. Außer in Stuttgart stellen sie auch in Freiburg, Konstanz und Tübingen die größte Fraktion. In allen anderen großen Städten des Landes ist nach wie vor die CDU stärkste Fraktion, nur in Mannheim konnte die SPD ihre langjährige Hochburg zurückerobern.

Auch bei der Landtagswahl 2011 sind die Grünen klare Wahlsieger und erzielen mit 24,2 Prozent der Stimmen einen erheblichen Zuwachs. Gemeinsam mit der SPD lösen sie die gelb-schwarze Regierung ab, der bisherige Fraktionsvorsitzende Winfried Kretschmann wird Ministerpräsident und tritt die Nachfolge von Stefan Mappus (CDU) an, der nach nur einem Jahr von den Baden-Württembergern abgewählt wurde. Der Landtag wird für eine fünfjährige Legislaturperiode gewählt, die nächste Wahl findet voraussichtlich 2016 statt.

2012: Das Land Baden-Württemberg feiert sein 60-jähriges Bestehen. Im Großraum Stuttgart leben 2,7 Millionen Menschen. Die Stadt selbst hat rund 581.000 Einwohner. Im Oktober 2012 wird der neue Oberbürgermeister gewählt. Auch dieses seit 1974 von CDU-Politikern ausgeübte Amt wollen Grüne und SPD erobern.

Leben in der Stadt

Seit der Gründung des Bundeslands Baden-Württemberg im Jahr 1952 ist Stuttgart als Landeshauptstadt das politische, wirtschaftliche und kulturelle Zentrum Südwestdeutschlands. Hier tagen die Landtagsabgeordneten, hier verwalten und lenken die Ministerien.

Als geschäftige **Wirtschaftsmetropole** reicht ihr Einzugsgebiet weit über den Neckarraum hinaus. Im Südwesten Deutschlands ist man stolz auf industrielle Leistungen, Tüftlerehrgeiz und protestantisches Arbeitsethos und Stuttgart hat eine ordentliche Portion davon mitbekommen – die Region gehört zu den wirtschaftsstärksten in Europa. **Banken, Versicherungen, Weltkonzerne** wie Daimler, Bosch und Co. haben

O26st Abb.: gk

▶ *Auch Schwaben wollen nicht immer nur „schaffen"*

Werksführung

Zwar werden im **Mercedes-Werk** in Untertürkheim keine fertigen Fahrzeuge montiert, sondern nur Autoteile produziert, trotzdem lohnt sich eine Werksführung. Tickets gibt es im Mercedes-Benz-Museum **44** oder online unter https://museum-ticket. mercedes-benz.com. **Genauere Infos** zur Werksführung verstecken sich auf der Website unter „Führungen"/ „Werksbesichtigung".

Auch bei **Porsche** in Zuffenhausen sind Mo. bis Do. Werksführungen möglich, Anfragen per E-Mail unter werksfuehrungen@porsche.de.

hier ihren Sitz, aber auch der umtriebige **Mittelstand** ist mit zahlreichen Unternehmen gut vertreten. Die **Automobilindustrie,** das wichtigste wirtschaftliche Standbein der Stadt, und die große Reihe ihrer Zulieferer sorgen für gediegenen Wohlstand, die schwäbische „Schaffe-Schaffe-Mentalität" tut ihr Übriges. Wer „beim Daimler" schaffte, konnte besonders selbstbewusst auftreten, jedenfalls zu Zeiten, als Sparsamkeit noch vernachlässigt werden durfte und dicke Autos mit Erfolg gleichgesetzt wurden. Rund 75.000 Mitarbeiter hat allein der **Daimler-Konzern** in Stuttgart und im Umland, **Porsche** weitere

▶ *Ende August bzw. Anfang September bietet das „Stuttgarter Weindorf" schwäbische Lebensart und Lebensfreude*

8000 – allerdings ist von Entlassungen die Rede und nach verschiedenen misslungenen Übernahmeversuchen und Fusionen, etwa von VW und Chrysler, auch der Ruf angekratzt.

Städtebauliche Fehler der Nachkriegszeit und der 1960er-Jahre, insbesondere die Zerstückelung der Innenstadt, um den Anforderungen des Autoverkehrs gerecht zu werden, sind heute nur schwer zu korrigieren. Bei der **Schadstoffbelastung** ist die Schwabenmetropole bundesweiter Rekordhalter, auch wenn die zulässigen Grenzwerte nicht überschritten werden. Zu den aktuellen Grundfragen der **Stadtentwicklung** gehören daher **neue Mobilitätskonzepte** – in der Autostadt Stuttgart werden gerade Fahrradverleihkonzepte wie in Barcelona oder Paris getestet. Sogar die Autoindustrie selbst arbeitet an neuen Ideen, zu denen neben der Weiterentwicklung der Serienmodelle neuerdings auch Elektroautos und Carsharing-Systeme gehören. Zukunftsforschung betreiben auch die Hightech-Firmen und Universitäten der Stadt. Eine weitere Herausforderung ist es, die **Wohnqualität** in der Stadt wieder zu erhöhen. Dazu soll die Innenstadt wachsen, vor allem auf den frei werdenden Gleisanlagen jenseits des Hauptbahnhofs **1**.

Seit 1952 sind **badener** und **württembergische Schwaben** im „Bindestrich-Land" vereint, doch hält das die Landsleute nicht von Spott und Witzeleien über die vermeintlich so anderen Nachbarn ab. Und die Franken und Kurpfälzer nicht zu vergessen – man tut gerne so, als sei man grundverschieden und pflegt seine gegenseitigen **Vorurteile** mit Hingabe. Gegenüber allen anderen hält die Südwest-Allianz allerdings zusammen, doch wird man dabei ungern laut oder kraftmeierisch – im **selbstbewussten** „Musterländle" wird eher Wert auf **Understatement** und Zurückhaltung gelegt.

Früher galt die Schwabenmetropole als behäbige, ja etwas schwerfällige Provinzstadt, doch das hat sich gründlich geändert. Obwohl Stuttgart mit rund 581.000 Einwohnern deutlich kleiner ist als die Millionenstädte Berlin, München, Hamburg, **spielt sie kulturell in der Weltspitze mit.** Und selbst bei den **Übernachtungszahlen** kommt die Landeshauptstadt Baden-Württembergs gleich hinter den drei Städten. Zwar sind 70 Prozent der Gäste noch Geschäftsleute, doch die Bedeutung des **Tourismus** für die Stadt wächst.

Stuttgart, nicht eben die schönste Stadt Deutschlands, wird noch unterschätzt, das alte biedere Image hängt ihr noch nach, dabei bewerten bei entsprechenden Befragungen zur Städte-Beliebtheitsskala die Einwohner die **Lebensqualität** in ihrer Stadt als überdurchschnittlich hoch. Doch auch bei den Besuchern schwinden die Vorurteile, sobald sie die Stadt näher kennenlernen. Die City ist jünger geworden, hat an Weltläufigkeit gewonnen und steht auch im Lebensgefühl den selbstbewussteren Millionenstädten in nichts nach – und trotzdem bleibt sie überschaubar.

Der bekannte, von einer Agentur entwickelte Werbespruch **„Wir können alles. Außer Hochdeutsch"** wurde dankbar für weitere Wortspiele aufgegriffen und zeugt von einem **wachsenden regionalen Selbstbewusstsein**, hat aber nur wenig Realitätsgehalt. Immer weniger Stuttgarter haben ihre sprachlichen Wurzeln im Schwäbi-

029st Abb.: sm

Mir kennad au Hochdeitsch, mir wellad blos net

Dass **Schwäbisch** ein in Teilen Baden-Württembergs und Bayerns gesprochener Dialekt ist, stimmt so nicht. Denn es handelt sich nicht um einen, sondern um mehrere Dialekte, und so gibt es zwischen Schwäbisch und Schwäbisch **erhebliche Unterschiede.** Lieder wie „Auf de schwäbsche Eisebahne" und „Muss i denn zum Städtele hinaus" sind dagegen gar **kein Schwäbisch**, wie Peter-Michael Mangold auf seiner wunderbaren Website (s. u.) einleuchtend erklärt: „Denn erstens sagt der Schwabe ‚muass' und zweitens ist das Städtele ein ‚Städtle', ‚ond sonschd nex'!" Es hat auch nichts mit Schwäbisch zu tun, an alles die **Endung ‚le"** anzuhängen.

Die schwäbischen Dialekte haben eine große Bandbreite an Abweichungen zur Hochsprache. Da gibt es regionale Unterschiede zwischen **Nieder-** und **Oberschwäbisch, Ostschwäbisch** und **Enztalschwäbisch.** Experten können dank des Dialekts die Herkunft einer Person zuverlässig zuordnen. Doch selbst eingeborene Stuttgarter mit ihrem **Honoratiorenschwäbisch,** wie es zum Beispiel Kommissar Bienzle im Tatort spricht, verstehen kaum einen Satz, wenn ein sogenannter **Älbler**

richtig loslegt. Die bäuerliche Sprache der Schwäbischen Alb ist in ihrer Derbheit und Unverständlichkeit kaum zu überbieten. Bei den jüngeren Generationen und im normalen **Umgangsschwäbisch,** das man überall in Stuttgart auf dem Wochenmarkt oder in Läden hören kann, verschwinden allerdings viele Feinheiten.

Im Dialekt, und ganz besonders auf Schwäbisch, lassen sich aber auf jeden Fall einige Sachen viel **freundlicher, herzlicher** und **vertrauter** aussprechen als auf Hochdeutsch. Sogar **Grobheiten** gewinnen deutlich an Charme. Auf **www.petermangold.de** findet man nicht nur Schimpfworte und Kraftausdrücke von „Affadaggl" und „Aggrbuddz" bis „Vivatsfetz" und „Zullabena", sondern noch viele weitere interessante Geschichten, Anekdoten und Witze rund um das Schwäbische sowie ein Schwäbisch-Lexikon und einen Schwaben-Test.

Wer noch tiefer in das Schwäbische eintauchen will, findet im Sprachführer **„Schwäbisch – das Deutsch im Ländle",** erschienen in der Reihe Kauderwelsch im REISE KNOW-HOW Verlag, einen spannenden und hilfreichen Reisebegleiter.

schen, in der Vielvölkerstadt stammen über 40 Prozent der rund 600.000 **Einwohner** in erster oder zweiter Generation aus einer Migrantenfamilie, also fast jeder zweite. Damit rangiert

Stuttgart im Vergleich aller deutschen Großstädte noch vor Berlin an erster Stelle. Als **„Einwanderungsstadt"** betreibt die Landeshauptstadt aktive Integrationspolitik – wofür sie von der UNESCO auch ausgezeichnet wurde. Die Mitbürger mit „Migrationshintergrund" machen Stuttgart nicht nur bunt und weltoffen, sie sollen sich auch wohlfühlen und viele sind längst „gefühlte" Schwaben.

▶ *Die Gegner von Stuttgart 21 halten sich am Bauzaun mit ihrer Meinung nicht zurück*

Stuttgart 21

Eine solch aufmüpfige Bürgerschaft hätte dem braven „Ländle" eigentlich niemand zugetraut. Der **Konflikt um den Stuttgarter Hauptbahnhof** wurde anfangs nur als lokale Streiterei abgetan. Doch dann entwickelte sich der Protest zur bundesweit beachteten Auseinandersetzung und setzte Grundsatzdiskussionen um Bürgerbeteiligung bei Großprojekten in Gang.

Geplant sind der komplette **Umbau des Bahnhofsareals** und die **Modernisierung des Streckenknotenpunkts** – der alte oberirdische Kopfbahnhof wird zum unterirdischen Durchgangsbahnhof, die Gleisanlagen um 90 Grad gedreht. Der alte Bonatz-Bau wird zwar integriert, bleibt aber nur zum Teil erhalten, seine Seitenflügel fallen dem Umbau zum Opfer. Das begehbare Dach des **neuen Tiefbahnhofs** soll den Straßburger Platz mit dem Schlossgarten verbinden, für die Bauarbeiten müssen aber **mehr als 250 Bäume** weichen, die zum Teil schon gefällt oder versetzt wurden. Das Projekt wird die Stadt nicht nur auf Jahre hinaus zu **einer der größten Baustellen Europas** machen – mit allen Unannehmlichkeiten wie Baustellenlärm, Umleitungen, Baustellenverkehr und Chaos im öffentlichen Nah- und Fernverkehr, sondern die Großbaustelle warf auch schwerwiegendere Fragen auf: Man hielt sie für zu teuer, technisch zu riskant (Gefährdung der Mineralwasservorkommen) und zu sehr von Immobilienspekulanten vorangetrieben (Rosensteinviertel).

Alle Neinsager wurden in den Medien gerne als „Wutbürger" denunziert, die einfach nur dagegen seien. Die **Bahnhofsgegner** selbst fan-

den ihren Widerstand berechtigt und tauften sich in kreativer Wortschöpfung in „Mutbürger" um. Die Gegenseite mit ihrer Schönrechnerei und scheibchenweisen Kommunikation wurden als „LGNPCK" (Lügenpack) beschimpft. Bürger und Bahn, Stadt und Medien stritten, ob Stuttgart 21 eine städtebauliche „Jahrhundertchance" biete oder doch ein „Milliardengrab" sei.

Die **milieuübergreifende Zusammensetzung** der Protestbewegung, die sich durch alle Schichten und politischen Lager zog, machte sie für die Politik so bedrohlich. Spießer und Spontis seien zum Gesamtkunstwerk Schwabe verschmolzen, lästerte die SZ aus München. Die **Proteste** wurden mit unterschiedlichsten Mitteln ausgetragen: Am legendären Bauzaun (der inzwischen schon als Ausstellungsexponat in das Haus der Geschichte wanderte) wurde Kri-

02st Abb.: gk

055st Abb.: apw

tik verbal artikuliert, Sitzblockaden und Demonstrationen organisiert und Hunderte S21-Gegner harrten im Schlosspark in einem Protestcamp aus oder ketteten sich an Bäume. Aber auch zu **Handgreiflichkeiten** und **massiven Polizeieinsätzen** mit teilweise über 2000 Sicherheitskräften kam es im Verlauf des Konflikts.

Die **neue Streitkultur** in ganz Baden-Württemberg hat das politische Gefüge auf jeden Fall gründlich durcheinandergerüttelt. Die CDU wurde abgewählt, das Reformbündnis Grün-Rot sollte ein Aufbruch sein. Weil das Ergebnis beim hartnäckig erkämpften **Volksentscheid** mit 58,8 Prozent allerdings zugunsten des gigantischen Projekts ausfiel, gilt der Streit um das Bauvorhaben zumindest für einen Teil der Bewegung als beendet – ganz ausgestanden ist er aber noch keineswegs. Was die Demonstranten einte und immer noch eint, ist das Gefühl, dass es

nicht mehr nur um das einzelne Projekt geht, sondern auch um Alternativen zum „kapitalistischen Wachstumsmantra". Es geht um eine **Trendwende in Politik und Wirtschaft**, um ökonomisch vernünftiges und **nachhaltiges Handeln** und um echte **Bürgerbeteiligung**. Fest steht: Stuttgart 21 ist längst mehr als ein gigantisches und teures Bauprojekt!

▲ *Diese Grafik zeigt, wie der Bahnhof später einmal aussehen soll*

Stuttgart entdecken

Stuttgart-Mitte

In der Innenstadt liegen Museen, Sehenswürdigkeiten, aber auch kulinarische und Shopping-Angebote nah bei einander. Weil der Obere Schlossgarten bis an den Schlossplatz heranreicht, ist man an keinem Punkt der City allzu weit von einer Bank im Grünen entfernt – so bleibt der Stadtbummel erholsam.

❶ Hauptbahnhof ★★ [E2]

Der in den 1920er-Jahren **im Stil der Neuen Sachlichkeit** errichtete Hauptbahnhof ist ein Entwurf der Architekten Paul Bonatz und Friedrich E. Schöler. Sie hatten im Jahr 1911 den ausgeschriebenen Wettbewerb gewonnen, doch bis zur Fertigstellung des Baus vergingen 18 Jahre. Das wuchtige Gebäude mit **monumentalen Eingangshallen** und einem **markanten Turm** sprengte damals alle Konventionen. Nur das Empfangsgebäude des denkmalgeschützten alten Kopfbahnhofs wird beim großen Umbauprojekt stehenbleiben, die beiden Seitenflügel fielen Stuttgart 21 zum Opfer.

Oben auf dem Bahnhofsturm leuchtet seit dem Jahr 1952 unaufhörlich der **Mercedesstern** über der Stadt – um in der Nachkriegszeit die Renovierungskosten aufzubringen, wurde der Bahnhof für Werbezwecke freigegeben. Zweimal pro Minute dreht sich der mit Neonröhren beleuchtete Stern um sich selbst. Im Innern des Turms kann man zur **Aussichtsplattform** in 56 m Höhe hinauffahren – der Abstecher lohnt sich, um den Rundumblick auf die Stadt zu genießen.

Unterhalb der Dachterrasse stellt die Bahn auf vier **Ausstellungsebenen** ihr Verkehrsprojekt **Stuttgart 21** (s. S. 63) vor. Modelle, Pläne, Entwurfszeichnungen und multimediale Animationen vermitteln im sogenannten **Turmforum** aus der Sicht der Bahn, welche Vorteile die geplanten Maßnahmen bieten.

Zum Bauvorhaben gehören der **Ausbau der Strecke von Stuttgart nach Ulm** und in Stuttgart selbst ein neuer **Bahnknotenpunkt** mit einem **unterirdischen Durchgangsbahnhof**, für den die Gleisanlagen um 90 Grad gedreht werden müssen, und dem knapp 10 Kilometer langen **Fildertunnel**. Ein pneumatisches Modell zeigt den zukünftigen Bahnhof mit den charakteristischen Lichtaugen im Schlossgarten, die als Oberlichter die unterirdische Halle beleuchten und belüften. Anhand von Entwürfen und

KLEINE PAUSE | Kleine Pause

Das Bonatz, quasi das **Turmcafé** des Stuttgarter Bahnhofs, ist per Aufzug erreichbar. Tagsüber kann man mit Blick auf Stuttgart und ein- und ausfahrende Züge kleine Gerichte bestellen, abends leuchtet die u-förmige Onyx-Bar mit der Stadt um die Wette. Die Karte verzeichnet über 50 Whiskey- und noch mehr Cocktailsorten.
❯ **Bonatz**, im Hauptbahnhof ❶, Tel. 41105280, www.bonatz.de, Di., Mi. 11–24, Do.–So. 11–2, Küche 12–14 und 18–21.30 Uhr

◀ *Vorseite: Stiftskirche ⑪ und Jubiläumssäule (s. S. 70) – auch bei Dunkelheit ein imposanter Anblick*

Paul Bonatz

Der 1877 bei Metz in Lothringen geborene Paul Bonatz studierte in München und Berlin **Architektur.** *1902 kam er als Assistent Theodor Fischers an die Technische Hochschule Stuttgart und wurde 1908 sein Nachfolger als ordentlicher Professor. Zusammen mit Paul Schmitthenner, Martin Elsaesser und anderen vertrat er die* **„Stuttgarter Schule",** *eine klassisch und konservativ geprägte Bauweise mit einem* **Hang zum Monumentalen.** *Die Mitglieder der traditionalistischen „Stuttgarter Schule" waren erklärte Gegner des „Neuen Bauens", wie es in der Weißenhofsiedlung* ㉓ *sichtbar wurde.*

Zwischen den Kriegen entwarf Bonatz Villen, Arbeitersiedlungen, Industrie- und Monumentalbauten. Er äußerte einmal, der **Bau des Bahnhofs** ❶ *in Stuttgart sei für seine „Entwicklung als Baumeister das wichtigste Kapitel" gewesen. In den 1930er-Jahren wirkte er als Berater Fritz Todts auch beim Bau von* **Autobahnbrücken** *mit, später arbeitete er an* **Alfred Speers Monumentalbauten** *mit. Ab 1943 lebte Bonatz als Berater und Professor in Ankara und Istanbul. 1953 kehrte er nach Stuttgart zurück, wo er 1956 starb und auf dem* **Waldfriedhof** ㊶ *beigesetzt wurde.*

Lange standen der **Traditionalismus** *und die ambivalente Haltung des Architekten zum* **Nationalsozialismus** *seiner Würdigung im Wege. Neben seinem Hauptwerk in Stuttgart, dem Hauptbahnhof, stammt auch der* **Zeppelinbau** *direkt gegenüber von Bonatz.*

❯ *www.hauptbahnhof-stuttgart.eu*

Plänen wird außerdem gezeigt, wie die **neuen Viertel hinter dem Hauptbahnhof** in zehn oder 20 Jahren aussehen könnten. Um den Schlossgarten mit Europa- und Rosensteinviertel zu verbinden, werden (neben dem schon abgerissenen Südflügel des Bonatz-Baus) auch die Gleisanlangen und eine mehr als zwei Kilometer lange Mauer, die diese bisher abstützte, abgetragen.

❯ **Turmforum,** im Hauptbahnhof, Arnulf-Klett-Platz 2, Haltestelle: Hauptbahnhof, U5, U6, U7, U9, U12, U14, U15, S1, S2, S3, S4, S5, S6, Tel. 20922920, www. bahnprojekt-stuttgart-ulm.de, täglich 10–18, Mi., Do. 10–21 Uhr, Eintritt frei. **Aussichtsplattform,** April–Sept. 10–21, Okt.–März 10–18, Do. 10–21 Uhr, Eintritt frei.

❷ Oberer Schlossgarten ⋆ [E3]

Der Volkspark verdankt seine heutige Gestalt den Bundesgartenschauen 1961 und 1977 und der Internationalen Gartenbauausstellung 1993. Mit dem Mittleren und Unteren Schlossgarten bildet er einen über vier Kilometer langen Grünzug in der Stadt, der sich bis zum Neckar zieht.

Um 1800 wurde mit der Gestaltung der **„Königlichen Anlagen",** die von Anfang an auch für die Bevölkerung geöffnet waren, begonnen. Anfang des 20. Jahrhunderts wurden auf dem Gelände des Oberen Schlossgartens die beiden **Theater** gebaut, das noch erhaltene **Große Haus** für die Operninszenierungen und das durch einen späteren Neubau ersetzte **Klei-**

ne Haus für das Schauspiel (siehe Staatstheater S. 43).

Da der erste Stuttgarter Hauptbahnhof (an der heutigen Bolzstraße) für den wachsenden Zugverkehr nicht mehr leistungsfähig genug war, wurde er an die heutige Stelle verlegt. Während des Ersten Weltkriegs begann man dann mit dem Bau des aktuellen Hauptbahnhofs und verkleinerte im Zuge dessen den Mittleren Schlossgarten um 8 Hektar. Die im Rahmen des Großprojekts Stuttgart 21 geplante **Erweiterung des Parks** an der Stelle der jetzigen Gleisanla-

gen verkauft die Bahn denn auch als eine Art „Wiedergutmachung".

❯ Haltestelle: Hauptbahnhof, U5, U6, U7, U9, U12, U14, U15, S1, S2, S3, S4, S5, S6, und Schlossplatz, U5, U6, U7, U12, U15.

❸ Landtag ★ [E4]

In der Nachkriegszeit standen als Unterbringung für den baden-württembergischen Landtag zunächst nur Provisorien zur Verfügung. Von den Architekten Viertel, Linde und Heinle wurde dann ein dreigeschossiger, 20

Meter hoher Stahlbetonskelettbau, mit einem **fensterlosen Plenarsaal** in seiner Mitte, geplant. Der **gläserne Flachbau** des Landtagsgebäudes wurde 1961 eingeweiht und steht als nüchterner, schmuckloser Zweckbau **in gewolltem Kontrast zur historischen Architektur** des Staatstheaters (s. S. 43) und des Neuen Schlosses ❹. Die großen Fensterfronten sollten durch ihre Transparenz die **Offenheit der** damals noch **jungen Demokratie symbolisieren.** Und wer möchte, kann den Architekten folgen und den quadratischen Grundriss

auch noch als „Ausdruck ausgewogenen Kräftespiels" werten. Der Volksmund taufte den Bau allerdings despektierlich „schwarzes Aquarium".

Heute ist auch der **denkmalgeschützte Glasbau** wieder **zu beengt** für den Parlamentsbetrieb. Trotz des zusätzlichen Abgeordnetenhauses an der Kulturmeile benötigt der baden-württembergische Landtag mehr Platz, der im Neuen Schloss geschaffen werden soll. Die Abgeordneten liebäugelten zwar mit einer großen Neubaulösung inklusive Plenarsaal, aber das ist angesichts der Kosten eher Zukunftsmusik und auch ein Standort ist noch nicht in Sicht. Nun soll das Landtagsgebäude technisch auf den neusten Stand gebracht werden, ob auch der neuneckige Plenarsaal mit einer Glaskuppel à la Reichstag versehen wird, wurde noch nicht definitiv entschieden.

Das Lokal im Erdgeschoss des Landtagsgebäudes mit dem passenden Namen **Plenum** (s. S. 37) verfügt über eine der schönsten Außenterrassen Stuttgarts.

> Konrad-Adenauer-Str. 3, Haltestelle: Charlottenplatz, U1, U2, U4, U5, U6, U7, U12, U15, www.landtag-bw.de

❹ Neues Schloss ★ [E4]

Mitte des 18. Jahrhunderts wurde das Neue Schloss als **repräsentative Residenz für Carl Eugen von Württemberg** begonnen. In das Alte Schloss wollte der Herzog nicht ziehen und so wurde 1746 der Grundstein für einen standesgemäßen

◀ *Alles andere als protzig – der nüchterne Glaskasten des Landtags*

Neubau gelegt – nicht weniger als ein schwäbisches Versailles sollte es werden. Im Barockzeitalter dienten prunkvolle Hofhaltung und üppige Ausstattung der weitläufigen Schlossanlage auch als **Demonstration des eigenen Rangs**. Als Baumeister wurde Leopoldo Retti beauftragt, der sich an den französischen Vorbildern orientierte, später folgte ihm ein Pariser Architekt nach. Herzog Carl Eugen selbst erlebte das Ende der Bauzeit nicht mehr – er verlegte die Residenz zurück nach **Ludwigsburg.**

Mit mehreren Unterbrechungen, auch durch einen Brand, wurde der **spätbarocke Prunkbau** mit seinen 365 Räumen erst Anfang des 19. Jahrhunderts unter König Friedrich I. fertiggestellt. Wegen der langen Bauzeit fanden auch Architekturstile wie Rokoko, Klassizismus und Empire ihren Niederschlag. Nach der Abschaffung der Monarchie 1918 diente das Gebäude eine Zeit lang als Museum. Im Zweiten Weltkrieg stark beschädigt, wurde die dreiflügelige Schlossanlage bis Mitte der 1960er-Jahre wiederaufgebaut und dient heute der **Landesverwaltung**. Mit nur einer Stimme Mehrheit im Gemeinderat wurde der Abriss der ehemaligen Residenz damals verhindert.

Außen mit **historischer Fassade** versehen, wurden innen nur wenige **Repräsentationsräume** wie der Weiße Saal und der Marmorsaal rekonstruiert. Hier finden ab und an Vorträge und Konzerte statt, ansonsten werden Staatsgäste begrüßt oder andere hochkarätige Empfänge gegeben, sodass das Innere nur ausnahmsweise **bei Sonderführungen** zugänglich ist.

› Schlossplatz, Haltestelle: Schlossplatz, U5, U6, U7, U12, U15, www.neues-schloss-stuttgart.de

❺ Schlossplatz ★★★ **[D4]**

Mitten in der belebten City bildet der grüne Schlossplatz einen ungewöhnlich weitläufigen Ruhepol. Der große Platz vor dem Neuen Schloss füllt sich aber schnell, wenn er für Open-Air-Konzerte und Public Viewing genutzt wird, und immer im Sommer herrscht hier fast mediterrane Atmosphäre.

Seine „Karriere" begann das Areal einst als **Exerzierplatz**. Die schlanke **Jubiläumssäule** in der Platzmitte stammt aus dem Jahr 1841. Zum 25-jährigen Thronjubiläum von König Wilhelm I. errichtete man zunächst ein Provisorium, das später ersetzt und mit der Figur der Concordia bekrönt wurde. Für die **Umgestaltung** der großzügigen Platzanlage in den 1860er-Jahren wurden prominente Vorbilder wie die Place de la Concorde in Paris herangezogen. Wie die dortigen **Springbrunnen** französische Flüsse darstellen, symbolisieren die beiden Stuttgarter Exemplare württembergische Gewässer. Auch ein historischer **Musikpavillon** ziert den Platz. Er ist als Fotomotiv beliebt. Mit seinem symmetrischen Wegsystem und den beiden seitlichen Alleen, den Brunnen und der Säule gilt der Schlossplatz als **einer der schönsten Plätze Europas**.

Rundherum reihen sich **geschichtsträchtige** und **moderne Bauten** und erlauben einen Rundgang durch die Stadtgeschichte. Vom **Alten Schloss** (Landesmuseum Württemberg ❾), dessen Ursprünge bis in das 10. Jahr-

▶ *Ein etwas anderer Blick auf die klassizistische Säulenfassade des Königsbaus*

hundert zurückreichen, über das Neue Schloss ❹ im Stil des Spätbarock und Marquardt- und Königsbau ❼ aus dem 19. Jh. führt die Architektur mit dem gläsernen Kunstmuseum ❽ bis in die Moderne.

Bis zum Zweiten Weltkrieg residierte im Eckgebäude an der Bolzstraße eines der vornehmsten Hotels Stuttgarts, das die Hoteliersfamilie Marquardt betrieb. Während der **Marquardtbau** am Ende des 19. Jahrhunderts im durchaus zeittypischen Stil der Gründerzeit errichtet wurde, galt der **Königin-Olga-Bau** gegenüber schon in der Bauzeit Anfang der 1950er-Jahre als unzeitgemäß. Die Kritik galt aber sowohl dem konservativen Bankgebäude mit historisierender Fassade wie auch seinem Architekten Paul Schmitthenner, dessen Nähe zum Nationalsozialismus ihm zum Vorwurf gemacht wurde.

❯ Haltestelle: Schlossplatz, U5, U6, U7, U12, U15. Am Rande des Platzes, an der Straße Planie, befindet sich die Abfahrtsstelle für Stadtrundfahrten mit den roten Bussen der Stuttgart Tour.

❻ Kunstgebäude ★ [D3]

Das ursprünglich bis 1913 erbaute Ausstellungsgebäude wurde im Zweiten Weltkrieg stark zerstört und teilweise verändert wiederaufgebaut. Zum Schlossplatz erhielt das Kunstgebäude eine **hohe Säulenhalle**, die nicht nur architektonisch an die Renaissance-Kolonnaden Italiens erinnert, sondern auch den Cafébesuchern italienisches Flair vermittelt, die hier geschützt unter dem Vordach dem Dolce Vita frönen. Ein **goldener Hirsch** auf dem Kuppeldach markiert weithin sichtbar das Gebäude.

In den Räumen des Kunstgebäudes bietet der **Württembergische**

031 st Abb.: gk

Kunstverein jungen Künstlern und zeitgenössischen Kunstrichtungen eine Plattform, aber auch andere Stuttgarter Museen „bespielen" das Haus.

❯ Schlossplatz 2, Haltestelle: Schlossplatz, U5, U6, U7, U12, U15, Tel. 223370, www.wkv-stuttgart.de, Di., Do.–So. 11–18, Mi. 11–20 Uhr, Eintritt 5 €, ermäßigt 3 €

❼ Königsbau ★ [D3]

Immerhin **34 Säulen** schmücken den eleganten Königsbau an der Westseite des Schlossplatzes ❺. Was an griechische Tempel erinnert, wurde im Auftrag von **König Wilhelm I.** schon damals als Geschäfts- und Konzerthaus errichtet und 1860 eröffnet. Die **spätklassizistische Fassade** des Altbaus mit der 135 Meter langen Säulenarkade ist quasi die Visitenkarte der großen **Einkaufsgalerie**, die sich dahinter verbirgt.

2006 wurde die historische Ladenpassage noch um einen **Anbau** erweitert, der den Königsbau um 13 Meter überragt. Unter seinem markanten gewölbten und nachts beleuchteten **Glasdach** reihen sich um das mehrgeschossige Atrium die Ladenfronten. Im Shop-in-Shop-System versammeln sich hier unterschiedlichste Einzelhändler, ein großer Mediamarkt und das Design-Kaufhaus Stilwerk mit Fachgeschäften für Wohnen und Einrichten sowie gastronomische Angebote vom Imbiss bis zum Café. Zur Bolzstraße hin wurde die Stuttgarter Hauptpost angesiedelt.

❯ **Königsbau-Passagen**, Königstraße/ Bolzstraße, Haltestelle: Schlossplatz, U5, U6, U7, U12, U15, Tel. 8703060, www.koenigsbau-passagen.de, Mo.–Sa. 10–20 Uhr

❽ **Kunstmuseum** ★★★ **[D4]**

Der Glaskubus des Kunstmuseums setzt neben den säulengeschmückten Königsbau einen modernen Kontrapunkt. Mitten in der Stadt ist neue Architektur von eleganter Transparenz in das Ensemble am Schlossplatz integriert.

Tagsüber fast opak und Wolken widerspiegelnd, entfaltet das Kunstmuseum bei Dämmerung oder Dunkelheit seine größte Wirkung. Dann werden die abends **beleuchteten Sandsteinwände** im Innern des **Glaswürfels** sichtbar. Das 2005 eröffnete Museum für die städtische Kunstsammlung ist ein Entwurf des Berliner Büros Hascher und Jehle und wurde nicht nur wegen erstklassiger **Wechselausstellungen**, sondern auch wegen seiner **Architektur** zum

Publikumsmagneten. Ein Großteil der Ausstellungsfläche wurde von außen unsichtbar in ehemaligen Röhren des Planietunnels angelegt.

Die **Dauerausstellung** setzt Zeitgenössisches in Szene, darunter auch „Schwäbischen Impressionismus" und „Stuttgarter Avantgarde" mit Künstlern aus der Region wie Christian Landenberger, Hermann Pleuer, Otto Reininger und Adolf Hölzel. Besonders umfangreich ist die Sammlung an Gemälden von Otto Dix, darunter ein schönes Selbstporträt als Künstler und das leuchtend rote Bildnis der Tänzerin Anita Berber. Einzelne Räume widmen sich auch Willi Baumeister, Dieter Roth und Wolfgang Laib.

Das Museum steht nicht nur mitten in der City, es **öffnet sich auch seiner Umgebung.** Treppen und Wege zu den drei oberirdischen Ausstellungsräumen liegen zwischen Glas und Steinkern. Die **Café-Bar o.T.** (s. S. 42), Abkürzung für „ohne Titel", im Foyer nutzt den Logenplatz vor dem gläsernen Würfel tagsüber als Terrasse und bleibt auch nach Schließung der Ausstellung geöffnet. Neben dem Restaurant **Cube** (s. S. 31) in der obersten Etage bieten auch die Umgänge des Kubus bis Mitternacht eine fantastische Aussicht auf das nächtliche Stuttgart – auch ohne Museumsticket.

Vor dem Eingang steht auf der Königstraße als unübersehbarer Blickfang die **riesige bunte Stahlplastik** des amerikanischen Künstlers Alexander Calder: „**Crinkly avec disque rouge**". Das Kunstwerk kombiniert als sogenanntes Mobile-Stabile Bewegung mit Stillstand. Die große **Freitreppe** neben dem Glasbau, die zum Kleinen Schlossplatz hinaufführt, ist ein beliebter Treffpunkt.

❯ Kleiner Schlossplatz 1, Haltestelle: Schlossplatz, Linie U5, U6, U7, U12, U15, www.kunstmuseum-stuttgart.de, Tel. 2162188, Di., Do., Sa., So. 10–18, Mi., Fr. 10–21 Uhr, Eintritt 5 €, ermäßigt 3,50 €, Familien 11 €, Kinder bis 12 Jahre frei. **Café-Bar o.T.**, www.ot-bar.de, So.–Do 10–24, Fr., Sa. 10–2 Uhr.

❾ Landesmuseum Württemberg ★★★ [D4]

Im Alten Schloss steht die **Geschichte Württembergs** im Mittelpunkt. Den Ursprung der Sammlung des Landesmuseums bildete einst die herzogliche Kunstkammer. In wechselnden Ausstellungen werden **archäologische Funde** und die **Kunst- und Kulturgeschichte** des Landes von der Steinzeit bis in die Gegenwart dokumentiert. Zum 150-jährigen Jubiläum des Museums zeigt eine neu konzipierte Schausammlung „Legendäre MeisterWerke" – unter denen die Kronjuwelen der Württemberger natürlich nicht fehlen dürfen. Zu den Schätzen des Museums zählt auch die große **Glassammlung** mit Stücken aus vier Jahrtausenden.

Das von außen **trutzig-wehrhafte Schloss** überrascht im Innern mit einer **Renaissanceloggia.** Archäologische Funde unterhalb des Schlosses – die Reste einer **Wasserburg** – belegen, dass die Baugeschichte bis in die Karolingerzeit zurückreicht. Schon Ende des 10. Jahrhunderts hatte es an dieser Stelle eine Burg **zum Schutz des Pferdegestüts** („Stuotgarten" = Stutengarten) gegeben, der zur Stuttgarter Gründungsgeschichte gehört und der Stadt ihren Namen gab (s. S. 56). Im 14. Jahrhundert wurde die Burg zum neuen Sitz der Grafen von Württemberg, im 16.

Jahrhundert entstand aus der Wehranlage ein Renaissance-Schloss mit Arkaden und hellem Innenhof. In Letzteren ist als Reiterstandbild Graf Eberhard im Bart zu sehen, der erste Herzog von Württemberg.

Auch die **Türme** der Burg sind beim Museumsbesuch zugänglich. Im einen sind in der **Fürstengruft** König Karl (1891) und Königin Olga (1892) bestattet, im anderen wird die **Uhrensammlung** gezeigt. Von einem der Türme gibt es auch einen Zugang zur **Schlosskapelle,** einem der ältesten protestantischen Kulträume Süddeutschlands.

Seit Herbst 2010 gibt es mit dem „**Jungen Schloss**" ein spezielles Angebot für Kinder und Jugendliche (s. S. 45). Die **Musikinstrumentensammlung** des Landesmuseums befindet sich im Fruchtkasten am Schillerplatz ❿.

❯ Schillerplatz 6, Haltestelle: Schlossplatz, U5, U6, U7, U12, U15, Tel. 89535111, www.landesmuseum-stuttgart.de, Di.–So. 10–17 Uhr, Eintritt frei. Wegen Umbau und Modernisierung sind Teile der Sammlung bis Mitte Mai 2012 geschlossen. Donnerstags wird bei der „Kunstpause" um 12.30 Uhr jeweils ein Ausstellungsstück genauer erläutert.

❿ Schillerplatz ★★ [D4]

Der **malerischste Platz Stuttgarts** wird von historischen Bauten eingerahmt und bildete über Jahrhunderte das alte Residenzzentrum. Heute ist er die stimmungsvolle Kulisse für Wochenmarkt, Weindorf und Weihnachtsmarkt.

Im Südwesten beginnend steht neben der Stiftskirche ⓫ der **Fruchtkasten.** Der spätgotische Steinbau, eines der ältesten Gebäude in der Stuttgarter Altstadt, erhielt Ende des

16. Jahrhunderts die heutige Renaissancefassade mit dem hohen Giebel. Im Mittelalter als Kelter und später als Kornspeicher genutzt, beherbergt der eindrucksvolle Bau heute die Sammlung historischer Musikinstrumente des Landesmuseums ❾. Freitags findet hier von 12.30 bis 13 Uhr die sogenannte **Musikpause** statt: Studierende der Hochschule für Musik spielen dann die alten Instrumente.

Der **Prinzenbau,** ab Anfang des 17. Jahrhunderts in langer Bauzeit errichtet, diente einst als Wohnsitz für die zweitgeborenen Prinzen und ist heute Sitz des Justizministeriums. Bereits auf 700 Jahre Tradition blickt der **Kanzleibogen** zurück, der Durchgang an der Ecke zur Alten Kanzlei. Schon im Mittelalter stand hier eines der Stuttgarter Stadttore, das Tunzhofer Tor. Der barocke Durchlass wurde in der zweiten Hälfte des 18. Jahrhunderts gestaltet und ist heute eine vielfrequentierte Abkürzung zur Königstraße.

Die stattliche **Alte Kanzlei** an der Nordostseite des Platzes wurde um 1543 errichtet und diente dem Herzog als Gebäude für seine Hofverwaltung. Einst saßen hier Schreiber und Buchhalter, heute sitzen Gäste des **Lokals Alte Kanzlei** (s. S. 35) auf der schönen Außenterrasse oder im Innern des Renaissancebaus und genießen einen Aperol, einen Mittagsimbiss oder Kaffee und Kuchen.

An der Ecke zum Schlossplatz ❺ erhebt sich die **Merkursäule,** die Ende des 16. Jahrhunderts errichtet wurde. Die goldene Figur Merkurs krönt die Säule, die ursprünglich als Druckbehälter für die Wasserversorgung von Schloss und Garten entstand und einen hölzernen Wassertank als Aufsatz trug, seit 1862. Das **Kosakenbrünnele** am Säulenfuß wurde zur gleichen Zeit neu gestaltet.

Vom Schillerplatz selbst blickt ernst der gleichnamige Dichter auf das Treiben zu seinen Füßen – dreimal wöchentlich auf Marktstände, im Herbst auf das Weindorf und im Winter auf die geschmückten Buden des Weihnachtsmarkts. Das von Berthel Thorvaldsen geschaffene Denkmal wurde 1839 als erstes **Schillerdenkmal** Deutschlands aufgestellt, und das obwohl der Autor 1782 aus Stuttgart geflohen war: Der Herzog als Landesherr hatte Schiller Arrest angedroht und ihm das weitere Schreiben verboten. Doch nach dem Tod des Dichters fand in Stuttgart 1825 das erste Schiller-Fest statt und auch der erste Schiller-Verein wurde hier gegründet.

❯ Haltestelle: Schlossplatz, U5, U6, U7, U12, U15. Fruchtkasten Di.–So. 10–17 Uhr, Eintritt frei, Musikpause 3 €

⓫ Stiftskirche ★★★   [D4]

Die unterschiedlich gestalteten Türme der Stiftskirche prägen die Silhouette der Stuttgarter Innenstadt. Der Südturm ist romanischen Ursprungs, der achteckige Westturm und das Kirchenschiff sind spätgotisch, aber das Gotteshaus wurde in seiner langen Geschichte mehrfach umgebaut und erneuert.

Die **größte und älteste Kirche der Stadt** wurde im Zweiten Weltkrieg weitgehend zerstört und musste in der Nachkriegszeit wieder aufgebaut werden. Bei der jüngsten Sanierung in den 1990er-Jahren machte man auch **überraschende Funde,** etwa alemannische Gräber aus weit früherer Zeit als die Gründung des Pferdegestüts und der benachbarten Wasserburg (s. S. 56), die einen noch älteren Siedlungsplatz belegen.

Dass bei der Modernisierung der Kirche das hölzerne Tonnengewölbe durch eine filigrane **Glas- und Stahlträger-Konstruktion** ersetzt wurde, sorgte für öffentliche Diskussionen. Besondere Beachtung verdienen die **elf Standbilder Württemberger Grafen** im Inneren der Kirche. Außerdem wurden nach der Renovierung einige **Bildwerke der Spätgotik** so platziert, dass sie erst jetzt richtig zur Geltung kommen, so der „Betende Ritter" und die Reliefs der „Goldenen Kanzel" im Chor der Kirche. Sehenswert sind die schönen Reliefs am Lettner, daneben sind noch weit mehr **Originalskulpturen** aus der Zeit vom 13. bis zum 15. Jahrhundert zu betrachten, etwa die geretteten Schlusssteine des spätgotischen Gewölbes.

Im Zuge der einmal im Monat stattfindenden, kostenlosen **Kirchenführung** sind auch die Türme zugänglich. Dann lässt sich nach dem **Aufstieg auf den Westturm** auch der Ausblick auf die Stadt genießen. In diesem Turm hängt die 6000 kg schwere

Guldenglocke, auch Osanna genannt, die die volle Stunde schlägt und an Festtagen geläutet wird. Außen ist am Westturm die große Turmuhr mit Württembergs größtem Zifferblatt angebracht. Es hat einen Durchmesser von über 5 Metern.

Eine Veranstaltung mit über 50-jähriger Tradition ist die **Stunde der Kirchenmusik,** die freitags um 19 Uhr beginnt. Chöre und Vokalensembles präsentieren dann geistliche Chormusik, ab und an stehen auch Orgelkonzerte auf dem Programm.

❯ Stiftsstr. 12, Haltestelle: Schlossplatz, U5, U6, U7, U12, U15, Tel. 294292, www.stiftskirche.de, Mo.–Do. 10–19, Fr., Sa. 10–16, So. nach dem Gottesdienst bis 18 Uhr, Eintritt frei. Stunde der Kirchenmusik: Fr. 19 Uhr, Eintritt 8 €, ermäßigt 4 €. Die öffentlichen Kirchenführungen sind gratis, eine Spende ist aber herzlich willkommen.

⓬ Markthalle ★★★ [D4]

Unter dem großen Glasdach der Jugendstilhalle kann man feinste Lebensmittel aus vielen Ländern und natürlich auch Spezialitäten der Region kaufen. 1914 wurde die heute denkmalgeschützte Markthalle eröffnet und seither gehört sie nicht nur zum Alltag der Stuttgarter, sondern auch zu den Sehenswürdigkeiten der Stadt.

Die Schwaben mögen zwar sparsam sein, sie wissen aber sehr genau, was gut ist. Günstig ist der Einkauf hier zwar nicht, aber alles ist **von aus-**

032st Abb.: gk

◀ *Vor den ungleichen Türmen der Stiftskirche wirkt die Merkursäule fast zierlich*

gesuchter Qualität. In üppigen Auslagen findet man u. a. fernöstliche, persische, griechische, türkische, spanische, ungarische und italienische **Delikatessen** und sicher auch kulinarische Mitbringsel für zu Hause. Wer auf der Suche nach **schwäbischen Leckereien** ist, bekommt bei der **Erzeugergemeinschaft Schwäbisch-Hall** z. B. Dosenwurst, Salami, Landjäger, Lyoner und andere Wurstspezialitäten vom Schwäbisch-Hallischen Landschwein. Und wem die rund 40 Stände mit Leckerbissen **Appetit** machen, der kann im Marktstüble mit Biergarten, im italienischen Restaurant auf der Empore oder in der Tapasbar Désiree einkehren.

Obwohl die Markthalle als eine der schönsten Deutschlands gilt, wäre sie Anfang der 1970er-Jahre **beinahe abgerissen worden.** Gewaltiger öffentlicher Protest rettete die Halle, die seit 1972 unter Denkmalschutz steht. Einen Blick wert ist daher auch ihre Architektur: Im Innenraum setzte der Stuttgarter Architekt Martin Elsässer eine damals hochmoderne **Stahlbetonkonstruktion** ein, über die sich das **Glasdach** wölbt. Außen fand er eine **historisierende Formensprache** mit Arkaden, Türmchen, Erkern und volkstümlicher Wandmalerei, mit der sich der Bau seiner damaligen Umgebung anpasste.

Einen Blick wert ist auch der **Ceresbrunnen** zwischen den Treppenaufgängen zur Empore. Das Original der ursprünglich 1916 gebauten Figurengruppe aus grünblauen Majolikakacheln mit der römischen Fruchtbarkeitsgöttin, die von zwei Knaben flankiert wird, wurde Ende des Zweiten Weltkriegs zerstört. Der nach Originalplänen hergestellte neue Trinkwasserbrunnen kam 2009 dank Spenden zurück in die Markthalle.

❯ Dorotheenstr. 4, Haltestelle: Charlottenplatz, U1, U2, U4, U5, U6, U7, U12, U15, Tel. 480410, www.maerkte-stuttgart.de/markthalle, Mo.–Fr. 7–18.30, Sa. 7–16 Uhr

033st Abb.: sm

⑬ Karlsplatz ★★ [D4]

Nicht nur die Gäste des Grand Café Planie (s. S. 36), das seine Außenterrasse vor allem auch an den trubeligen Flohmarktsamstagen gut besucht sieht, schätzen den Blick auf den hübschen, **von Kastanien gesäumten Karlsplatz**. In der Platzmitte befindet sich ein **Reiterdenkmal zu Ehren Kaiser Wilhelms I.** Ein aus dunklen, riesigen Würfeln bestehendes **Mahnmal** beim Alten Schloss erinnert an die Opfer des Nationalsozialismus.

Das Areal zwischen Altem und Neuem Schloss ④ wurde Ende des 18. Jahrhunderts eingeebnet, so entstand der Name „Planie", der heute die am Platz vorbeiführende Straße bezeichnet. Bis in die 1980er-Jahre diente der Karlsplatz noch als Parkplatz, seither ist er **Teil der Fußgängerzone**. Sein Flair zeigt sich auch im Winter, wenn ein Teil des Weihnachtsmarkts hier stattfindet.

Das sanierte **Alte Waisenhaus** an der Ecke zum Charlottenplatz beherbergt die **IfA-Galerie** (s. S. 48), die zeitgenössische Kunst, Design und Architektur anderer Kontinente präsentiert, und in seinem großen Innenhof befindet sich der **Biergarten Amadeus** (s. S. 35), der vom historischen Ambiente und der ruhigen Lage profitiert. Das wuchtige, **kräftig gelbe Gebäude** steht heute wie ein schützender Wall vor der Hauptverkehrskreuzung am Charlottenplatz. Im Jahr 1705 als Kaserne für die Leibgarde des Herzogs erbaut, wurde diese aber schon wenige Jahre später samt Residenz nach Ludwigsburg verlegt.

◄ *Die schöne Jugendstilmarkthalle ist ein echtes Feinschmeckerparadies*

Schon ab 1712 diente das Gebäude als Waisenhaus, und das über 200 Jahre lang, bis zum Jahr 1922. Im 20. Jahrhundert verändert und im Zweiten Weltkrieg zerstört, wurde der monumentale Bau von Architekt Paul Schmitthenner schließlich wiederaufgebaut.

❯ Haltestelle: Charlottenplatz, U1, U2, U4, U5, U6, U7, U12, U15

⑭ Marktplatz ★★ [D5]

Der Stuttgarter Marktplatz ist von **Nachkriegsarchitektur** geprägt. Fünfmal täglich erklingt das Glockenspiel am Turm des **Rathauses** und zur Weihnachtszeit wird dessen Fassade zum größten Adventskalender der Stadt. Das 1956 eingeweihte Gebäude ersetzte den reich verzierten, neugotischen Vorgängerbau von 1905, der im Zweiten Weltkrieg teilweise zerstört wurde. Die beiden Architekten Hans Paul Schmohl und Paul Stohrer schufen bewusst Neues, nur der Rathausturm blieb erhalten, allerdings nicht in der ursprünglichen Form, sondern integriert: Der neue wurde quasi um den alten Turm samt Glockenspiel herumgebaut.

Auch die schmucken spitzgiebeligen Bürgerhäuser mit Fachwerk, Türmchen und Erkern rund um den Platz gibt es nicht mehr. An ihrer Stelle entstanden typische **1950er-Jahre-Bauten** mit Flachdächern, die aber die alte Parzellierung beibehalten und mit ihrer kleinteiligen Gliederung einen eigenen Charme entwickeln. Insbesondere an den dreimal wöchentlich abgehaltenen **Markttagen** zeigt sich der Platz von seiner schönsten Seite. Außer beim Wochenmarkt mit Erzeugnissen aus der Region steht der Platz auch beim **Weindorf** und **Weihnachtsmarkt** voller Buden und Stände.

Wein am Marktplatz
Der Stuttgarter Stadtbesen, ein schlichtes **Weinlokal** im Rathaus, schenkt regionale Tropfen aus.

🕐119 [D5] **Stuttgarter Stadtbesen**, Marktplatz 1, Haltestelle: Rathaus, U1, U2, U4, Tel. 239780, www.stadtbesen.com, Di.–Sa. 10–23 Uhr

An sommerlichen Tagen entwickelt sich die Terrasse des **Scholz** (s. S. 35) zum modernen Marktcafé, bei Regen und Kälte flüchtet man eher in die **Karlspassage**. Die Ladenpassage bildet einen Teil des alteingesessenen Kaufhauses Breuninger (s. S. 25). Auf mehreren Etagen sind Geschäfte renommierter Mode- und Kosmetikmarken vertreten und das moderne Restaurant **Karls Kitchen** (s. S. 32) im Obergeschoss mit seinen beiden Showküchen ist durchaus eine Alternative für den kulinarischen Shoppingstop – ebenfalls mit Blick auf den Marktplatz.

❯ Haltestelle: Rathaus, U1, U2, U4

⓯ Calwer Straße ★★ **[C4]**

Häuser aus dem **17. Jahrhundert** (Nr. 40, 46 und 48), der **Barockzeit** (Nr. 38, 45 und 50), der **Gründerzeit** (Nr. 54) und aus der **Jugendstilepoche** (Nr. 62–64) reihen sich in dieser Straße aneinander. Die historischen Bauten wurden schon Mitte der 1970er-Jahre als Ensemble **unter Denkmalschutz** gestellt. Dazwischen stehen moderne Gebäude wie der spitzgiebelige Neubau mit Kupfer- und Glasfassade (Nr. 42–44).

Durch zwei **Durchgänge** gelangt man zur rückwärtig angebauten **Calwer Passage**, einer Ladengalerie mit tonnengewölbtem Glasdach. In der belebten Straße, Teil der Fußgängerzone, siedelten sich zahllose Geschäfte und Lokale an. Sommers wird auch der Straßenraum für Plätze im Freien genutzt, dann tafelt man hier mittags Tisch an Tisch.

❯ Haltestelle: Stadtmitte/Rotebühlplatz, U2, U4, U14, S1, S2, S3, S4, S5, S6

⓰ Rund um den Hans-im-Glück-Brunnen ★ **[D5]**

Im **historischen Stadtkern** herrscht an lauen Sommerabenden geradezu italienisches Flair. Rund um den Hans-im-Glück-Brunnen haben sich unter Arkaden und in alten Giebelhäusern **Cafés** und **Bistros** ein hübsches Plätzchen gesichert. Hier treffen sich allabendlich Kneipengänger auf ein Bier oder zum Essen.

Die **Geißstraße** und die schönen **Altbauten** rundherum sind aber gar nicht so alt, wie sie wirken. Um die Wende zum 20. Jahrhundert waren die Verhältnisse in der dicht bebauten Stuttgarter Altstadt so katastrophal, dass hier von 1906 bis 1909 mehr als 80 baufällige Häuser abgerissen und an ihrer Stelle nur halb so viele neue errichtet wurden. Anläss-

Falafel beim Vegi Voodoo King
Im Falafel-Lokal Vegi Voodoo King werden **vegane und vegetarische Imbisse** zubereitet, die bei Nachteulen wie bei Mittagspausierern gleich gut ankommen.

🕐120 [D5] **Vegi Voodoo King**, Steinstr. 13, Haltestelle: Rathaus, U1, U2, U4, Mo.–Mi. 11.30–24, Do. 11.30–2, Fr., Sa. 11.30–4, So. 17–24 Uhr, im Winterhalbjahr an allen Tagen etwas kürzer.

lich der Umgestaltung entstand auch der **Hans-im-Glück-Brunnen**, der einen Filderbauern mit Schwein und Enten zeigt. Die damals noch schmäleren Gässchen verbreiterte man zu den Straßen und Plätzen, die heute wie eine Altstadtinsel in der 1960er-Jahre-City wirken. Die heutige „Altstadt" war also zugleich auch eine Altstadtsanierung.

> www.geissstraße.de,
> Haltestelle: Rathaus, U1, U2, U4

🟥 17 Tagblatt-Turm ★ [D5]

Als **architektonische Sensation** entstand in Stuttgart zwischen 1924 bis 1928 ein 18-stöckiges Zeitungshaus. Das 61 Meter hohe Gebäude wurde für das liberale Neue Tagblatt errichtet und war das **erste Stahlbeton-Hochhaus Deutschlands.** Wie die Weißenhofsiedlung ㉓ entsprang das heutige Architekturdenkmal des „Neuen Bauens" der gestalterischen Aufbruchsstimmung der 1920er-Jahre. Der damals noch unbekannte Stuttgarter Architekt **Ernst Otto Osswald** hatte den ausgeschriebenen Wettbewerb gewonnen und strebte mit seinem Bauwerk nicht nur mutig in die Höhe, sondern setzte weltweit erstmalig den Werkstoff Sichtbeton an – die Außenfassade blieb unverputzt. Nach dem Willen der Auftraggeber sollte der Bau Ausdruck der „wachsenden Macht und Bedeutung der Presse" sein, doch nach der Machtergreifung der Nationalsozialisten änderten sich die Verhältnisse. 1943 wurde das Neue Tagblatt eingestellt. Von Kriegsende bis 1978 bezog die Stuttgarter Zeitung den Turm, dann wurden Redaktion und Produktion nach Stuttgart-Möhringen verlagert.

2004 wurde das von der Stadt erworbene, unter Denkmalschutz gestellte und umgestaltete Areal inklusive mehrerer Turmanbauten als **Kulturzentrum Unterm Turm** neu eröffnet. In die Gebäude zogen kulturpädagogische Einrichtungen für Kinder und Jugendliche sowie drei Theater, darunter – schon seit den 1980er-Jahren – das **Figurentheater Fitz!** (s. S. 43).

> Eberhardstr. 61,
> Haltestelle: Rathaus, U1, U2, U4

🟥 18 Leonhardsviertel und Bohnenviertel ★★ [D5]

Ihre offene Flanke zeigen die beiden **historischen Viertel** der mehrspurigen B14, der **Hauptverkehrsachse Stuttgarts,** durch die sie von der Innenstadt geradezu abgeschnitten sind. Parkhäuser wie das Züblin mit seinen 600 Stellplätzen, die betonierten Zufahrten zu den Straßentunneln sowie die Bauten zur ebenfalls stark befahrenen Charlottenstraße hin bilden den **typisch Stuttgarter Kontrast** zu alten **Giebel- und Fachwerkhäusern, Kopfsteinpflaster** und **Hinterhofidyllen.** Nur ein paar Meter von der lebhaften City entfernt, hat sich hier quasi als Insel eine innerstädtische Idylle erhalten, in der es beschaulich, ja geradezu dörflich zugeht.

Im **Leonhardsviertel** rund um die gleichnamige Kirche existieren **Szenebars** und **Rotlichtkneipen** einträchtig nebeneinander. Die Gassen zwischen Wilhelmsplatz und Pfarrstraße bilden zwar keinen Kiez im strengen Sinn einer Amüsiermeile, aber als Ausgehviertel ist das Quartier mit seiner Mischung aus Halbwelt und Szene dennoch *en vogue*. Dazu trägt auch der im Gustav-Siegle-Haus beheimatete **Bix Jazzclub** (s. S. 44) bei, der mit allabendlichen Konzerten für Leben sorgt. Zudem bringen

Stäffele

*Die schönste, allerdings auch schweiß-
treibendste Art, Stuttgart kennenzulernen, sind die vielen „Stäffele". Wegen
der Lage in einem Talkessel gibt es in
Stuttgart **Hunderte dieser Treppen** -
und jede ist anders. Die gepflegten,
breiten oder verwunschenen, steilen,
malerischen oder funktionalen Trep-
penwege führen in die höheren Lagen
Stuttgarts - insgesamt **350 Meter Höhenunterschied** weist das Stadtgebiet
auf. Viele dieser steilen Wege gehen ursprünglich noch auf die Zeit zurück,
als die Hänge rund um Stuttgart von
Winzern bewirtschaftet wurden. Als
sich die Stadt im 19. Jahrhundert aus-
dehnte und neue Wohngebiete an den
Hängen entstanden, wurden die alten **Weinbergstaffeln** durch Fußwege
und Treppen ersetzt. Einige erhielten
dabei **kunstvolle Geländer** und **Brun-
nenanlagen.** Zwei Drittel der rund
400 Treppenanlagen finden sich nahe
der Innenstadt. Ein kleiner Abstecher
treppauf lohnt sich überall.*

*Zu den bekanntesten Stäffele gehö-
ren die Eugenstaffel, die Sänger- und
die Sünderstaffel, die Tauben- und die
Hasenbergstaffel sowie Oscar-Heiler-,
Willy-Reichert- und Georg-Elser-Staf-
fel. Geführte Stäffelestouren (siehe
Stadttouren, S. 122) haben so gut wie
alle Anbieter von organisierten Stadttouren im Programm.*

*Am oberen Ende der **Eugenstaffel**
[E/F4, Eugenstraße] belohnt alle uner-
müdlichen Treppenkletterer ein herrli-
cher Blick über die Dächer der Stadt.
Der 1890 geschaffene **Galateabrunnen** (auch Herzog-Eugen-Brunnen
oder Eugensbrunnen genannt) auf der
Plattform ist einer der prächtigsten*

*Brunnen der Stadt. Unterhalb der na-
mensgebenden Meernymphe Galatea
sprudelt von Mai bis September Wasser aus einem Löwenkopf in eine mu-
schelartige Schale und von dort in ein
größeres Becken. Wem der Stuttgart-
Blick als Kompensation für die Mühsal
des Aufstiegs noch nicht ausreichend
scheint: Am Eugensplatz [F4] sorgt die
Kult-Eisdiele Pinguin für leckeres und
erfrischendes Eis.*

▲ *Die Eugenstaffel ist nur eine
der vielen schönen Stuttgarter
Treppenanlagen*

Galerien, Plattenlabel und Kunst- und Designerateliers Flair ins Viertel. Was abends im Schein der Leuchtreklamen attraktiv wirkt, zeigt tagsüber aber auch trostlose Seiten – vermüllte Gehsteige, vernachlässigte Altbauten, trister Straßenstrich.

Wie das Leonhardsviertel gehört auch das **Bohnenviertel** zwischen Esslinger, Charlotten-, Olga- und Pfarrstraße baulich zu den schöneren Ecken der Stadt. Der Stadtteil erhielt seinen Namen, weil Hülsenfrüchte wie die Gartenbohne das Hauptnahrungsmittel der armen Bevölkerung waren und von den Tagelöhnern, Handwerkern und Weinbauern in ihren Vorgärtchen angepflanzt wurde – so die Legende. Das Viertel verwahrloste nach dem Zweiten Weltkrieg, die Häuser waren in desolatem Zustand und von Abriss bedroht. Seit der 1975 beschlossenen Sanierung entwickelte sich das Wohnquartier auch zum beliebten **Szeneviertel**, in dem sich kleine **Modegeschäfte**, **Trödel- und Plattenläden**, **Szeneshops** sowie gemütliche **Cafés** und **Weinstuben** angesiedelt haben. Bei der Sanierung des Quartiers in den 1980er-Jahren wurde versucht, erhaltenswerte Bausubstanz zu retten und um Neubauten zu ergänzen, ohne die historische Struktur und den Charme der Sträßchen zu zerstören.

❯ www.stuttgarter-bohnenviertel.de, Haltestelle: Charlottenplatz, U1, U2, U4, U5, U6, U7, U12, U15

⑲ Haus der Geschichte ★ ★ [E4]

*Das Haus der Geschichte widmet sich historischen, wirtschaftlichen und politischen Themen im „Ländle".
Während die Dauerausstellung mit einem Parcours sehr lebendig durch die Geschichte des deutschen Südwestens seit dem Jahr 1790 führt, geben Wechselausstellungen jeweils Einblick in besondere Aspekte.*

Vitrinen im Eingangsbereich eröffnen mit einem **Baden-Württemberg-ABC** – quasi ein erster Eindruck vom Land in 26 Gegenständen – die Ausstellung. Es folgen **chronologisch angeordnete Räume** zum Vormärz und zur Revolution, zur Entwicklung des Nationalstaats und zu den Weltkriegen.

Im dritten Teil, dem sogenannten **Themenpark**, sind aktuellen Fragestellungen eigene Räume gewidmet, dem „Nachbar Frankreich", der Wirtschaft und der Wissenschaft, dem Schwarzwald oder der Migration. Ob interaktive Landkarten oder Bäume, aus denen sich scheibchenweise Informationen ziehen lassen, Vergangenheit wird hier mit atmosphärischen Bildern, Texten, Filmen und interaktiven **Infostationen modern in Szene gesetzt**.

Die **Sonderausstellungen** sollen neue Blickwinkel auf die Gegenwart und auf die Landesgeschichte eröffnen – Stuttgart 21 kann da nicht fehlen, aber auch Fußball und Alltagsgeschichten sowie Historisches wie der Widerstand im Dritten Reich oder die Integration Heimatvertriebener werden beleuchtet.

Das Gebäude des landesgeschichtlichen Museums ist als **Teil der Kulturmeile** (s. S. 21) durch verwendete Materialien, Formensprache und manche Details zwar in den Entwurf Stirlings integriert, aber auch architektonisch eigenständig. Im Innern wirkt der zentrale Museumsaufgang mit der anstelgenden Treppe zwischen einer magenta- und einer knallroten Wand wie eine stark farbige Schlucht.

❯ Konrad-Adenauer-Str. 16, Haltestelle:
Staatsgalerie, U1, U2, U4, U9, U14,
Tel. 2123989, www.hdgbw.de, Di., Mi.,
Fr.–So. 10–18, Do. 10–21 Uhr, Eintritt
4 €, ermäßigt 2 €, Familien 5 €

⑳ Staatsgalerie Stuttgart ★★★ [F3]

Die Neue Staatsgalerie mit ihren bun-
ten Stahlkonstruktionen gilt als eines
der bedeutendsten Werke postmo-
derner Architektur in Deutschland.
Ihre Sammlung vereint Kunst vom
14. bis zum 21. Jahrhundert.

Das Gebäude wurde von dem Briten **James Stirling** entworfen, dem
1992 verstorbenen Star der Archi-
tekturszene. Sein Entwurf überzeug-
te im 1977 ausgeschriebenen städtebaulichen Wettbewerb durch die gelungene **terrassenartige Einbindung
in die Hanglage** und die **Integration
historischer Bausubstanz** in ein modernes Formenvokabular. Partner
bei der Umsetzung war das Stuttgarter Büro Wilford Schupp Architekten.
Kritiker warfen dem Projekt Monu-
mentalismus vor, doch nach Fertig-

stellung des Museumsbaus überwog
die Zustimmung. Heute gilt die Neue
Staatsgalerie als Hauptwerk der Postmoderne und eines der Stuttgarter
Wahrzeichen.

Röhren in Blau und Pink, gras-
grüne Fensterstreben und Fußbö-
den, geschwungene Baukörper – an
Mut und Witz hat es dem Architekten nicht gemangelt, als er den ei-
genwilligen Neubau in unmittelbarer
Nachbarschaft zur würdevollen Alten
Staatsgalerie entwarf. Im Innern bezieht sich Stirling mit streng **u-förmi-
ger Anordnung der Galerienräume**
auf die **Alte Staatsgalerie** und nimmt
auch Elemente klassischer repräsen-
tativer Museumsbauten auf. 1984
wurden Alte Staatsgalerie und Neue
Staatsgalerie vereint, in einem jüngeren Erweiterungsbau ist die **Graphi-
sche Sammlung** untergebracht. Die
Alte Staatsgalerie wurde ursprünglich 1843 eröffnet, den Grundstock
für die Galeriebestände bildeten allerdings schon die Kunstschätze der
württembergischen Herzöge.

Die **Kunstwerke aus acht Jahrhun-
derten** werden heute in Werkgruppen

035st Abb.: gk

gezeigt, immer mal chronologisch durchbrochen, um Bezüge aufzuzeigen. In kühner Konfrontation hängt eine Farbfeldmalerei von Barnett Newman aus den 1960er-Jahren neben dem Herrenberger Altar von Anfang des 16. Jahrhunderts. Dabei ist die klassische Moderne mit hochkarätigen Werken von Marc, Picasso, Monet und Kokoschka im klassizistischen Prachtbau untergebracht, die altdeutschen Meister, die Italiener und Niederländer wie Rubens und Rembrandt, aber auch Beuys sind im postmodernen Neubau zu Hause. Beuys und dem Triadischen Ballett von Oskar Schlemmer sind einzelne Räume gewidmet. Zu den Highlights der „Altdeutschen Malerei" gehört die Graue Passion, eine Darstellung der Passionsfolge in mehreren Altartafeln von Hans Holbein d. Ä..

Eine kleine Ausstellung mit Modellen und Plänen ist **dem Schaffen James Stirlings gewidmet**, der das Bild der Stuttgarter Kulturmeile nachhaltig prägte. Zu dem von ihm entworfenen Ensemble an Bauten an der Kulturmeile gehört neben dem benachbarten **Haus der Geschichte 19** auch noch die **Musikhochschule** (s. S. 44) mit dem charakteristischen Turm (und einer bedeutenden Orgelsammlung).

❯ Konrad-Adenauer-Str. 30–32, Haltestelle: Staatsgalerie, U1, U2, U4, U9, U14, Tel. 470400, www.staatsgalerie.de, Mi., Fr.–So. 10–18, Di., Do. 10–20 Uhr, Eintritt 5,50 €, ermäßigt 1 €, Kinder bis 12 Jahre frei, Familien 10 €, Mi. und Sa. Eintritt frei

◀ *Eine Ikone der postmodernen Architektur – die Neue Staatsgalerie*

Stuttgart-Nord und -West

Im Norden der Stadt, am Killesberg, befinden sich nicht nur die teuersten Wohnviertel der Stadt, sondern auch der schöne Höhenpark, ein attraktives Parkareal und Teil des „Grünen U". Unterhalb der Anhöhe lohnt die spektakuläre Architektur in der Weißenhofsiedlung einen Abstecher, dann zieht sich der Grünzug mit dem Rosensteinpark und dem Naturkundemuseum über die berühmte Wilhelma bis zum Unteren und Mittleren Schlossgarten.

21 Chinagarten ★★ [D1]

Eine der Attraktionen der **Internationalen Gartenbauausstellung 1993** im Rosensteinpark war der Chinagarten, der von der baden-württembergischen **Partnerprovinz Jiangsu** in Südchina errichtet wurde. Einen dauerhaften Platz fand der winzige, durch eine Mauer von der Außenwelt getrennte Garten anschließend in der Birkenwaldstraße/Ecke Panoramastraße, nachdem sich Privatleute und Firmen finanziell und ideell für den Erhalt des viel besuchten Nationengartens eingesetzt hatten.

Der „Garten der schönen Melodie" soll **die Welt im Kleinen** widerspiegeln. Geschichtete Steine stellen Gebirge dar, Teiche entsprechen den Meeren, Gartenpflanzen der natürlichen Vegetation. Der Name entstammt der chinesischen Vorstellung, nach der nicht nur Musikinstrumente, sondern auch Berg und Wasser eine schöne Melodie ergeben, und so sprudelt denn auch ein kleiner Wasserfall auf dem nur 1500 m² großen Gelände. Das aus Kieselsteinen gepflasterte Yin- und Yang-Symbol am Eingang weist auf die chinesische Vorstellung der Gegensätze hin. In der Anlage steht auch der **Pavillon der vier Himmelsrichtungen** mit seiner charakteristischen hochgebogenen Dachform. Vom chinesischen Garten bietet sich eine schöne Aussicht auf Stuttgarts Talkessel und die umgebenden Höhen.

› Birkenwaldstraße, Haltestelle: Im Kaisemer, Bus 44, www.chinagarten-stuttgart. de, täglich 8.30 Uhr bis zur Dämmerung, Eintritt frei

㉒ Höhenpark Killesberg ★★★ [bh]

Auf dem Killesberg im Norden der Stuttgarter Innenstadt befindet sich mit dem Höhenpark eine der schönsten Grünanlagen Süddeutschlands. Das abwechslungsreiche Areal auf der Anhöhe ist Teil des „Grünen U", zu dem seit der Internationalen Gartenbauausstellung im Jahr 1993 Schlossgarten und mehrere Grünzüge und Parks verbunden sind.

Auf ein unrühmliches Kapitel gleich zu Beginn seiner Existenz blickt der Landschaftspark allerdings zurück: Im Jahr 1939 anlässlich der Reichsgartenschau unter der Leitung des Gartenarchitekten Hermann Mattern angelegt, war das Gelände Mitte 1941 Sammelplatz für jüdische Bürger, die von hier aus in verschiedene Konzentrationslager deportiert wurden. Ein **Gedenkstein für die Opfer des Nationalsozialismus** erinnert daran. Nach dem Krieg wurde der Park wieder hergerichtet und im Jahr 1950 schließlich eröffnete Bundespräsident Theodor Heuss hier die Deutsche Gartenbauausstellung.

Blumenfreunde und botanisch interessierte Besucher finden hier vom Frühjahr bis zum Spätherbst eine **beeindruckende Blütenpracht** vor. Zwischen Wiesen, Bäumen, Sträuchern und Trockenmauern kann man verschiedene **Schaugärten** entdecken. Zwischen Tausenden blühenden Tulpen erfreuen die **Krokuswiesen** und das **Primeltal** im Frühjahr die Menschen. Die **Sommerblumenwiese** und die **Staudenterrassen** unterhalb vom Killesbergturm leuchten in satten Farben. Zwischen **Tierwiese** und **Spielplatz** kann man ebenfalls ein buntes Blütenmeer bewundern – auf einer Fläche von 2500 m² sind die verschiedensten Dahliensorten angepflanzt. Mit rund 200 Sorten ist die Dahlienschau im Höhenpark Killesberg neben der auf der Insel Mainau die größte Süddeutschlands. Es gibt ein **Astilbental**, ein **Wildfloratal** und den **Königskerzenhang**, der nicht nur dekorativen Zwecken dient, sondern auch den Hang vor dem Abrutschen schützt. Das **Tal der Rosen**, am schönsten zur Blütezeit, wird durch einen märchenhaften **Seerosenteich** begrenzt. Der **Flamingosee** nah der Tierwiese bietet den Wasservögeln im Park wie Flamingos, Schwänen, Enten und Gänsen eine Heimat.

Schwungvoll schraubt sich die Seilnetzkonstruktion des **Killesbergturms** 43 Meter in die Höhe. Von seinen Plattformen genießt man einen wunderbaren Blick auf Stuttgart und in die Weite, den Park zu Füßen. Der Stuttgarter Ingenieur Jörg Schlaich entwarf den 2001 eingeweihten filigranen Aussichtsturm auf dem höchsten Punkt des Killesbergs. Gehalten wird er von in der Erde verankerten Stahlseilen und auch um die vier Plattformen in 8, 16, 24 und 31 Meter Höhe spinnt sich nur ein Netz aus diesen Seilen – für Schwindelfreie kein Thema, für andere eine Herausforderung. Mehr als 2200 Menschen könnte die geniale Konstruktion tragen – bei einem derartigen Belastungstest möchte man aber schon aus Platzgründen nicht dabei sein. Für Auf- und Abstieg gibt es gleich zwei Treppenanlagen, die sich in Form einer Doppelhelix um den zentralen Mast schlingen.

Im Sommer zuckelt ein **Schmalspurbähnchen** auf einem Rundkurs durch den Höhenpark. Mit den beiden „Tazzelwurm" und „Springerle" genannten Dampfloks oder den zwei Dieselloks „Blitzschwoab" und „Schwoabapfeil" rattert die Kleinbahn über die knapp 2,3 Kilometer lange Strecke. Schon in den 1920er-Jahren verkehrte eine erste Bahn, die jetzige Liliputeisenbahn hat aber auch schon einige Jahrzehnte auf dem Buckel – sie wurde im Jahr 1939 zur damaligen Reichsgartenschau installiert. Ein großes Vergnügen für die Kleinen sind auch die noch betagteren **Jahrmarktsattraktionen** wie das **über 100 Jahre alte Karussell**, die alte **Schiffsschaukel** und die **Wurfbude**. Auf der großen Tierwiese grasen Ponys, Esel, Schafe, Ziegen und Lamas, der 3000 m² große Spielplatz gilt als einer der schönsten der Stadt.

Erholung und Unterhaltung für Erwachsene und für Kinder bieten das **Höhenfreibad Killesberg** und die **Freilichtbühne**. Abhilfe bei Hunger oder Durst schaffen die **Schwäbische Weinstube**, das **Höhencafé Killesberg** mit großer Terrasse und der **Biergarten** unterhalb der Sommerblumenwiese. Nachtschwärmer genießen lauschige Sommernächte in der **Diskothek Perkins Park** (s. S. 42) oder der denkmalgeschützten **Milchbar**. Deren Architekt Rolf Gutbrod war auch an vielen anderen Stellen in Stuttgart tätig und unter anderem

EXTRATIPP

Lichterfest

Einmal jährlich erleuchten Mitte Juli nach Sonnenuntergang **Fackeln, Lampions und Kerzen** den Höhenpark. Zehntausende von Besuchern genießen die Lichteffekte und das **Feuerwerk, Livemusik** und die Atmosphäre der Sommernacht.

> www.lichterfest-stuttgart.de

Theodor-Heuss-Haus

1959, nach dem Ende seiner zweiten Amtszeit als **Bundespräsident**, zog sich Theodor Heuss nach Stuttgart zurück. Am Killesberg hatte er ein ganz bescheidenes, kleines **Einfamilienhaus** gebaut, in dem er nur vier Jahre später, im Dezember 1963 verstarb. In seinem letzten Domizil ist heute ein **Museum** (s. S. 47) untergebracht, in dem in mit originalen Einrichtungsgegenständen **rekonstruierten Räumen** an den Staatsmann, der hier politischen Besuch empfing und an seinen Memoiren arbeitete, erinnert wird.

auch maßgeblich am Bau der Liederhalle (s. S. 44) beteiligt.

Der abends beleuchtete **Steinbruch** mit seinen charakteristischen roten Wänden gehört zu den stimmungsvollsten Bereichen der Anlage. Einst wurde hier Sandstein abgebaut, den man zur Konstruktion vieler Gebäude in der Stadt verwendete. Die Treppen und Mauern im Park wurden aus rotem Schwarzwaldsandstein gefertigt, außerdem zieren zahlreiche **Kunststationen** die Anlage.

Am Rand des Parks wird fleißig gebaut: Auf dem ehemaligen Messegelände, freigeworden durch den Umzug auf die Fildern, entsteht ein **neuer Stadtteil** und auch die Pflanz-

036st Abb.: gk

arbeiten an der „Grünen Fuge", die den Höhenpark mit dem Landschaftsschutzgebiet Feuerbacher Heide verbinden wird, haben begonnen.

> **Höhenpark Killesberg**, Haltestelle: Killesberg, U7, www.killesbergturm.de, geöffnet bis Einbruch der Dunkelheit
> **Parkeisenbahn**, Haltestelle: Killesberg, U7, www.killesberg-kleinbahn.de, April–Okt. Mo., Di., Do.–Sa. 14–18, Mi. 10–18, So. 10–19 Uhr, Ticket 3 €, Kinder bis 7 Jahre 1,50 €, Schüler 2,50 €
> **121** [ch] **Theater in der Badewanne**, Stresemannstr. 39, Haltestelle: Messe, Bus 39, Tel. 2573825, www.theater-in-der-badewanne.de. Von März bis Nov. bringt das Theater im Park Märchen und witzige Tiergeschichten mit Puppen auf die Bühne.

▲ *Aussichtsturm mit Wackeleffekt – der Killesbergturm*

㉓ Weißenhofsiedlung ★ ★ [ci]

Nördlich des Zentrums blieb mit der Weißenhofsiedlung richtungweisende Architektur der Bauhaus-Zeit erhalten. In den 1920er-Jahren zählten die Bauten von Le Corbusier und Mies van der Rohe zur Avantgarde der architektonischen Moderne. Mit kubistischer Strenge setzte man sich von der Naturornamentik des Jugendstils wie vom Prunk der Belle Epoque ab.

Ab 1927 entstand in Stuttgart unter der Leitung von **Ludwig Mies van der Rohe** ein ganzes Ensemble von Bauten. Beteiligt waren mehr als ein Dutzend später weltberühmter Architekten aus Deutschland, Belgien, den Niederlanden, Österreich und der Schweiz, darunter mit **Walter Gropius, Hans Scharoun, Hans Poelzig, Peter Behrens, Bruno Taut** und **Le Corbusier** einige der wichtigsten Baumeister des 20. Jahrhunderts. Anlass für die Mustersiedlung war die Bauausstellung „Die Wohnung", Initiator der Deutsche Werkbund (DWB). Angesichts der schlechten wirtschaftlichen Lage in der Weimarer Republik waren Wohnbauten gefragt, die mit geringen finanziellen Mitteln in kurzer Bauzeit errichtet werden konnten. **Rationelles Bauen** wurde erprobt, etwa durch Vorfabrikation der einzelnen Bauteile und Verwendung neuer Materialien wie Stahl und Eisenbeton. Sichtbarstes Zeichen der Modernität waren die **Flachdächer**.

Der geradlinige, schnörkel- und schmucklose Stil der **Neuen Sachlichkeit** passte zur Aufbruchsstimmung der 1920er-Jahre. Zur Eröffnung der Mustersiedlung kamen eine halbe Million Menschen. Insgesamt **21 Einfamilien-, Doppel-, Reihen- und Mehrfamilienhäuser** mit rund 60 Wohnungen entstanden, radikal modern und für die Zeitgenossen ein Schock: Hier gab es weder Giebeldächer, noch Fensterläden oder Gauben.

Ziel des Neuen Bauens war es, ein beispielhaftes Wohnprojekt für den modernen Großstadtmenschen zu schaffen, das zugleich erschwingliche, gesunde, sonnige und gut durchlüftete Architektur ermöglichte. Bei der **Reduktion auf das Wesentliche** machten sich auch die **Reformbewegungen der Zeit** bemerkbar. J.J.P. Oud aus Rotterdam brachte beispielsweise kleine, sichtgeschützte Höfe, Wohn- und Hauswirtschaftsräume auf minimaler Fläche unter – aktuell wie nie. Und weit vor ihrer Zeit sollten flexible Grundrisse ein Maximum an Freiheit gewährleisten. Anderen seiner Kollegen geriet der Bau dann doch zur Villa, inklusive Dienstmädchenkammer.

Von Traditionalisten und selbst Architekten wie Paul Bonatz als „Vorstadt Jerusalems" geschmäht, verschärfte sich der Ton 1933, nach der Machtergreifung der Nationalsozialisten, noch: Als „Araberdorf „und „entartete Architektur" galt die Weißenhofsiedlung, gänzlich „undeutsch" seien Flachdächer. Ein Wettbewerb für einen neuen Gebäudekomplex auf dem Gelände war schon ausgeschrieben. Während aber anderswo im Dritten Reich solche ungeliebten Bauten wie das Kugelhaus in Dresden tatsächlich abgerissen wurden, verhinderte dies in Stuttgart der **Zweite Weltkrieg.** Bei den Luftangriffen 1944 wurden jedoch zehn der 21 Häuser zerstört.

Doch auch in der Nachkriegszeit tat man sich noch schwer mit dem revolutionären Bauerbe. Dass die Siedlung seit 1958 **unter Denkmalschutz** steht und heute als klassische Moderne und Baudenkmal von internationalem Rang geschätzt wird, verdankt sie dem Einsatz des Vereins „Freunde der Weißenhofsiedlung", der auch eine gründliche Sanierung in den 1980er-Jahren bewirkte.

In einer Hälfte des Doppelhauses der französisch-schweizerischen Architekten Le Corbusier und Pierre Jeanneret befindet sich das **Museum** (s. S. 47) zur Geschichte der Siedlung, die andere Hälfte zeigt das Haus im rekonstruierten Zustand in den Originalfarben von 1927.

❯ Am Weißenhof, Bruckmannweg, Pankokweg, Friedrich-Ebert-Straße, Hölzelweg, Rathenaustraße, www.weissenhofsiedlung.de, www.weissenhof.de, Haltestelle: Kunstakademie. Führungen durch das Musterhaus werden vom Weißenhofmuseum (s. S. 47) veranstaltet, Di.–Fr. 15, Sa., So. 11 und 15 Uhr, Dauer etwa 45 Minuten, Tickets 4 €, ermäßigt 3,50 €, große Führung (90 Minuten, inklusive Rundgang durch die Siedlung) 6 €, ermäßigt 4,50 €.

㉔ Pragfriedhof ★★ [ci]

Bei seiner Eröffnung im Jahr 1873 befand sich der Pragfriedhof noch weit vor der Stadt. Durch die Bebauung rechts und links der Heilbronner Straße ist die **atmosphärische Grünanlage** im Norden Stuttgarts längst nah an die City gerückt. Im Zentrum von Haupt- und Querallee steht die **Feierhalle,** ein 1907 fertiggestellter Jugendstilbau. Das einzige **Krematorium** der Stadt entstand in einer Zeit, als neben Erd- auch zunehmend Feuerbestattungen Anklang fanden, obwohl evangelische und katholische Kirche sie nicht guthießen bzw. sogar verboten (inzwischen haben sich neben Urnengräbern und Kolumbarien ja auch Baumgräber und Rasengräber eingebürgert). Da der große, parkartige Friedhof unterhalb des Pragsattels am Hang liegt, ist das wuchtige Gebäude trotz des dichten Baumbestands auch aus der Ferne sichtbar.

Auf dem großen Stadtfriedhof fanden einige **prominente Stuttgarter** ihre letzte Ruhestätte. Der Dichter Eduard Mörike ist hier begraben, ebenso der Luftschiffkonstrukteur Ferdinand Graf von Zeppelin, die Kabarettistin und Sängerin Claire Waldoff, der Maler Willi Baumeister, die Verleger Wilhelm Kohlhammer und Alfred Kröner, der Buchhändler Konrad Wittwer, die Malerin Käte Schaller-Härlin sowie auch mehrere Stuttgarter Bürgermeister und Württemberger Staatspräsidenten.

Seitlich der **Martinskirche** (Eckartstraße 2) befindet sich der **Israelitische Friedhof**, der im 19. Jahrhundert angelegt und nach Ende der Nazidiktatur wieder instandgesetzt wurde. Etwas nördlich, rechterhand der Otto-Umfrid-Straße, bilden die Gleisreste des einstigen Inneren Nordbahnhofs eine **Gedenkstätte** für die von hier **in die Konzentrationslager deportierten jüdischen Bürger**. Als „Zeichen der Erinnerung" stehen die Namen der Opfer auf einer langen Mauer entlang des Geländes. Bei Kriegsende im Jahr 1945 lebten von einst knapp 5000 Stuttgarter Juden nur noch rund einhundertzwanzig in der Stadt. Über 2000 konnten rechtzeitig emigrieren, der Rest wurde deportiert und in den meisten Fällen umgebracht.

› **Pragfriedhof**, Friedhofstr. 44, Haltestelle: Pragfriedhof, U15, Tel. 21698254, täglich 7.30 Uhr bis zur Dämmerung
› **Zeichen der Erinnerung**, Otto-Umfrid-Straße, Haltestelle: Mittnachtstraße, U15, www.zeichen-der-erinnerung.org, Eintritt frei

㉕ Stadtbibliothek am Mailänder Platz ★★ [cj]

Für die neue Stadtbibliothek entwarf der koreanische Architekt **Eun Young Yi** einen großen, 40 m hohen **Würfel**, der eigentlich von einer Wasserfläche umgeben sein sollte, was sich aber aus technischen und finanziellen Gründen nicht realisieren ließ. Der „Solitär, der sich als Kubus auf sich selbst bezieht", ist das erste öffentliche Gebäude des geplanten Europaviertels. Nachts wird die Bibliothek **blau illuminiert**, dadurch entfaltet die **Fassade aus Glasbausteinen** ihre größte Wirkung und ihre geometrische Struktur kommt besonders zur Geltung.

Im Innern des von allen vier Seiten zugänglichen Bibliotheksbaus setzt sich die **Symmetrie** der Außenfassade fort. Das Zentrum bildet der große, 14 Meter hohe **Galeriesaal**. Das sogenannte „**Herz**", ein in seiner Strenge und Leere beeindruckender Hohlraum, der über vier Geschosse reicht und nur durch ein zentrales Oberlicht belichtet wird, scheint aber keinem wirklichen Zweck zugedacht.

KLEINE PAUSE

Café mit Ausblick

Im Café im 8. Obergeschoss der neuen Stadtbibliothek ㉕ und von der Dachterrasse einen Stock höher kann man den Blick über die Stadt genießen. Die **Selbstbedienungs-Caféteria** ist zugleich ein Beschäftigungsprojekt der Caritas und der Neckartalwerkstätten für Menschen mit Handicap.

› **Café Lesbar**, Tel. 0176 18109999, www.cafe-lesbar.de, Mo.–Sa. 10–18 Uhr

In den fünf Geschossen über dieser zentralen Halle sind an den Wänden Bücher aufgereiht, aber auch
alle anderen Medien wie Filme, Spiele, CDs, DVDs und Noten werden bereitgestellt. Es lohnt sich, ganz nach
oben zu fahren, und das nicht nur
wegen des Zugangs zur **Dachterrasse** mit Rundumblick auf die Stuttgarter Hänge. Sehenswert ist auch der
Blick vom obersten Geschoss nach
unten in die trichterförmig abgetrepp-
ten Galerien, die wie eine **umgedrehte Stufenpyramide** angelegt sind. Ein
derartiges gestuftes Emporensystem
mit umlaufenden Bücherwänden,
die sich pro Etage immer weiter von
der Raummitte zurückziehen, haben
auch andere Architekten als Biblio-
thekslösung eingesetzt. In Stuttgart
beschert der Anblick dieses hellen
Zentralraums das beeindruckendste
Erlebnis des Besuchs.

Im Eingangsbereich kann man auf
Großbildschirmen abgefilmten **Auto-
renlesungen** via Kopfhörer lauschen.
Besucher, die die Stadtbibliothek erkunden möchten, können sich an der
Informationstheke im Erdgeschoss
kostenlos **Audioguides** ausleihen
und auf zwei verschiedenen Routen
auf Entdeckungstour gehen. Die **Ar-
chitektur-Route** erläutert das Kon-
zept des Bibliotheksneubaus, wo z.B.
die Energiesparmaßnahmen wie die
Photovoltaikanlagen auf dem Dach
und die Geothermiepfähle, mit denen
Erdwärme genutzt wird, interessant
sind. Auf künstliche Lüftungsanlagen

▶ *Von außen wirkt die Bibliothek
vor allem beleuchtet spektakulär*

▶ *Innen beeindruckt der Blick auf
die pyramidenartig angeordneten
Etagen über der zentralen Halle*

konnte fast komplett verzichtet werden. Die **Bibliotheks-Route** stellt das Angebot und dessen Nutzung vor, inklusive der automatischen Transportanlage und der „Bibliothek für Schlaflose", in der auch nachts noch Bücher ausgeliehen werden können.

› Mailänder Platz 1, Haltestelle: Türlenstraße, U5, U6, U7, U12, U15, Tel. 21691100, www1.stuttgart.de, Mo.–Sa. 9–21 Uhr, Di. und Fr. Führungen nach vorheriger telefonischer Anmeldung

26 Museum am Löwentor ★★ [dh]

Die Sammlungen des Naturkundemuseums verteilen sich auf zwei Häuser. Das Museum am Löwentor zeigt berühmte Fossilienfunde.

Die Sammlungen des Naturkundemuseums gehen auf das **Kunst- und Naturalienkabinett der Herzöge von Württemberg** zurück. Die frühesten heute noch erhaltenen Objekte stammen daher aus dem 16. Jahrhundert. In solchen Kunst- und Wunderkammern gab es nicht nur Kleinodien und Preziosen aus Gold und Silber, Juwelen, Bernstein und Elfenbein, sondern auch Raritäten der Natur – begehrt waren Straußeneier, Hörner von „Einhörnern" (eigentlich Narwalzähne), Monsterperlen, Natternzungen (eigentlich fossile Haifischzähne), Schildkrötenpanzer und Seeschneckengehäuse. Die Vielfalt der **Kuriositäten** spiegelt sich im ältesten Inventarbuch aus dem Jahre 1654 wider. Es trägt die Überschrift „Inventarium über die Fürstl. Kunst Cammer allhie zu Stuttgarten" und verzeichnet etwa „Fünf Schlangenzungen von Malta" oder „Bezoar, oriental.", den Eingeweidestein der in Persien heimischen Bezoarziege. Im Laufe des 19. Jahrhunderts wurden die Bestände des Naturalienkabinetts noch beträchtlich aufgestockt. Zu den ältesten Exponaten gehört der 250.000 Jahre alte **Schädel des Steinheimer Urmenschen,** der somit wesentlich älter als der Neandertaler ist.

Im **Museum am Löwentor** steht die „Urzeit" im Mittelpunkt. Schwarzer, Brauner, Weißer Jura, Muschelkalk und Buntsandstein sind hier nicht nur Gesteinsarten, sondern bezeichnen gleich ganze Zeitalter. Versteinerte Tiere und Pflanzen sind wichtige Informationsquellen über die Evolution des Lebens von den Sauriern bis heute. Zwar sind so gut wie nie Häute oder Felle erhalten, doch auch so lassen sich Rückschlüsse auf Aussehen und Körperbau ziehen. Für das Museum wurden von Wissenschaftlern sechs große, zum Teil begehbare **Landschaften** geschaffen, in denen täuschend echte **Nachbildungen urzeitlicher Tiere** Erdmittelalter, Erdneuzeit und Eiszeit anschaulich machen.

› Rosenstein 1, Haltestelle: Nordbahnhof, U15, oder Löwentor, U13, U15, Tel. 89360, www.naturkundemuseum-bw. de, Di.–Fr. 9–17, Sa., So. 10–18 Uhr, Eintritt 4 €, ermäßigt 2,50 €, Familien 9 €, Kombiticket mit Schloss Rosenstein 28 6 €, ermäßigt 4 €, Familien 12 €, Mi. ab 13 Uhr freier Eintritt

27 Rosensteinpark ★ [dh]

Der Rosensteinpark gilt als einer der **bedeutendsten Landschaftsparks Südwestdeutschlands.** Der klassische „englische", also nach dem Vorbild der Natur mit Wiesen und Bäumen angelegte Park entstand zwischen 1824 und 1840 unter König Wilhelm I. von Württemberg nach Plänen des Hofgärtners **Johann Bosch.** Der König kaufte dafür den Cannstatter Bürgern alle auf dem Kahlenstein gelegenen Parzellen ab.

Heute gehört der Park mit seinem alten Baumbestand dem Land Baden-Württemberg und steht unter **Denkmalschutz**. Der etwa 65 Hektar umfassende Rosensteinpark, der im Südwesten gegenwärtig noch durch Gleise, nördlich durch die Pragstraße und die Wilhelma ㉙ begrenzt wird, geht im Südosten nahtlos in den Unteren Schlossgarten ㉛ über.

› Haltestelle: Nordbahnhof, U15, oder Löwentor, U13, U15, oder Mineralbäder, U1, U2, U14 oder Rosensteinpark, U13

㉘ Museum Schloss Rosenstein ★★ [di]

Im zweiten Teil des Naturkundemuseums ist die biologische Sammlung beheimatet. Allein schon durch ihre Größe beeindrucken ein präparierter Elefantenbulle aus Afrika und ein 13 Meter langer Seiwal, um dessen originales Skelett Außenhaut und Innenleben künstlich modelliert wurden.

Die **Zerstörungen des Zweiten Weltkriegs** trafen Stuttgart besonders hart und dabei bildete auch das **klassizistische Schloss Rosenstein** keine Ausnahme. Das 1824 bis 1829 durch Hofbaumeister Giovanni Salucci errichtete Schlösschen im gleichnamigen Park wurde wieder aufgebaut, die einstige prachtvolle Ausstattung ist aber verloren. Das Schloss wurde ursprünglich von König Wilhelm I. als Landhaus für sich und seine Frau Katharina geplant, diese verstarb aber schon vor Beginn der Bauarbeiten.

Heute ist in den Räumen des Schlosses die **biologische Sammlung des Naturkundemuseums** untergebracht, in der die **Pflanzen- und Tierwelt** aus unterschiedlichen Perspektiven beleuchtet wird. Bedrohte und

ausgerottete Arten werden vorgestellt und statt einzelner Tiere oder Pflanzen werden ganze Lebensräume vom Polareis bis zum Regenwald behandelt, um die Vielfältigkeit unterschiedlicher Biotope greifbar zu machen. Auch die heimische Natur kommt nicht zu kurz: Große Dioramen zeigen beispielsweise die Lebensgemeinschaften von Pflanzen und Tieren im Laubwald und im Hochmoor.

› Rosensteinpark, Haltestelle: Mineralbäder, U1, U2, oder Wilhelma, U14, Tel. 89360, www.naturkundemuseum-bw. de, Di.–Fr. 9–17, Sa., So. 10–18 Uhr, Eintritt 5 €, ermäßigt 3 €, Familien 11 €, Kombiticket mit Museum am Löwentor ㉖ 6 €, ermäßigt 4 €, Familien 12 €, Mi. ab 13 Uhr freier Eintritt

㉙ Wilhelma ★★★ [dh]

Der botanisch-zoologische Garten setzt fotogen Pflanzen und Tiere aus aller Herren Länder in Szene, deshalb ist die gelungene Kombination aus botanischem Garten und Tierpark auch ein Mekka für Hobbyfotografen. Die historischen Bauten im orientalischen Stil liefern für alle Aufnahmen den farbenprächtigen Hintergrund.

Als 1829 im Park von Schloss Rosenstein Mineralquellen gefunden wurden, fasste König Wilhelm I. den Entschluss, sich hier am Fuß des sonnigen Hangs ein Badehaus bauen zu lassen. Erst Jahre später entstand das villenartige Gebäude, nicht mehr als Bad, sondern als **Landhaus im „maurischen Stil"**. Für den Architekten Karl Ludwig von Zanth mag auch die Alhambra im spanischen Granada als Vorbild gedient haben – als „Alhambra am Neckar" wurde die Wilhelma weit über Stuttgart hinaus zum Begriff. Später kamen reich verzierte **Gewächshäuser aus Gusseisen und Glas** hinzu, **Wasserspiele** sowie eine **Gartenarchitektur** von exotischem Reiz. 1846 zur Hochzeit des Kronprinzen Karl eingeweiht, diente das Areal zunächst als Refugium für den sich immer mehr abkapselnden König Wilhelm I., der es zur **orientalischen Märchenwelt** ausgestalten ließ. Noch in seinem Todesjahr entstand 1864 die **Damaszenerhalle**, benannt nach der Stadt Damaskus, die ein Zentrum des maurischen Baustils war. Als einziges historisches Bauwerk der Wilhelma hat die Damaszenerhalle, die zur Fasanen- und Hühnerhaltung diente, den Krieg unbeschädigt überdauert.

König Karl, der Sohn König Wilhelms I., **öffnete das Ensemble schließlich für die Öffentlichkeit.** Ab 1880 gab es Zutritt für jedermann und nach dem Ersten Weltkrieg ging das Gelände in Staatsbesitz über.

039st Abb.: gk

Mittelpunkt der symmetrisch angelegten barocken Gartenanlage ist der **Maurische Garten** mit Wasserbassins und Seerosen mit meterbreiten Blättern auf dem Teich. Im maurischen Garten lustwandelte schon der König und einige der über 70 **Magnolienbäume** stammen noch aus dieser Zeit. Ihre Blüte, etwa ab Ende März (je nach Länge des Winters), hinterlässt einen unvergesslichen Eindruck.

Die ausgedehnten **Blumenbeete** im historischen unteren Teil der Wilhelma werden zweimal jährlich neu bepflanzt. Dabei wird die Auswahl der Farben und der Formen für jedes einzelne Beet genau geplant. Im Frühjahr wird der Besucher von einem Blumenmeer aus Vergissmeinnicht, Stiefmütterchen, Tulpen und Narzissen empfangen. Die Auswahl der rund 60.000 Sommerblumen orientiert sich an den Vorbildern islamischer Gärten mit Arten wie Zinnien, Hibiskus, Tagetes und Levkojen.

Wer angesichts der Gartenpracht und exotischer Tiere noch Aufmerksamkeit für die **Bäume** erübrigt, kann weitere markante Exemplare und Raritäten entdecken, riesige Ginkgos und Mammutbäume, eine Gurken-Magnolie und mit Dornen besetzte Gleditschien. Auf der Website der Wilhelma kann ein ausführlich kommentierter Rundgang für Baumfreunde abgerufen werden (daneben gibt es Anregungen eigens für Schmuddelwetter und nach Feierabend, für Botanikfans und Aquarianer).

Wilhelm I. war es um Entspannung gegangen, mit Botanik und Zoologie hatte er wenig am Hut. Erst nach dem Zweiten Weltkrieg verwandelte man die Wilhelma in einen **botanisch-zoologischen Garten**, um sie für Besucher attraktiver zu machen. Die Überreste des maurischen Landhauses wurden restauriert und zur **Tropenhalle** umgebaut, daneben finden sich in den gusseisernen **Gewächshäusern** das Kakteenhaus und die Farnhäuser. Älteren Datums sind auch die Gewächshäuser zum Neckar hin, der **Belvedere-Pavillon** am Hang oberhalb des Landhauses, der kleine Überrest des **Maurischen Festsaals** und der **Eingangspavillon**.

Neu erbaut wurden die **Freigehege** und **Tierhäuser** wie die Krokodilhalle an der Stelle des einstigen Festsaalbaus. Über der **Vogelvoliere** spannt sich ein geschwungenes Netzdach – Ähnlichkeiten mit dem Münchner Olympiapark sind kein Zufall. Architekt Fritz Auer arbeitete im Büro Behnisch, das in München verantwortlich zeichnete, und schuf in der Wilhelma auch noch das **Amazonienhaus**. In diesem Gewächshaus, in das man durch Luftschleusen gelangt, wird es tropisch schwül. Die „grüne Hölle" in diesem Treibhaus ist ein Stück tropischer Regenwald – mit üppigen Pflanzen und Tieren gleich ein ganzes Ökosystem statt nur einzelner Arten. Auch **Aquarium** und **Schmetterlingshaus** sind Höhepunkte der Anlage. Gerade erneuert wurde das **Gehege für die Elefantendamen** und die Anlage für die **Menschenaffen**.

❭ Neckartalstr., Haltestelle: Mineralbäder, U1, U2, oder Wilhelma, U14, www.wilhelma.de, Tel. 54020, täglich 8.15–18, im Winter nur bis 16 Uhr, Eintritt 12 €, ermäßigt 6 €, Familien 30 bzw. 18 € (nur ein Elternteil), Abend- und Wintertarife 8 €, ermäßigt 4 €, Familien 20 bzw. 12 € (nur ein Elternteil)

◀ *Seerosenteich und maurische Architektur in der Wilhelma*

㉚ Villa Berg und Park ★ [ei]

Die im **italienischen Renaissancestil** erbaute **Villa Berg** diente dem württembergischen Kronprinzen Karl und seiner Frau, der russischen Zarentochter Olga, als Sommersitz. Die denkmalgeschützte **Parkanlage** entstand Mitte des 19. Jh. Der rund 24 Hektar große Landschaftspark wurde von Friedrich Neuner auf einer Anhöhe am Neckar angelegt, die Villa baute Christian Friedrich Leins. Nach einer Italienreise erwies sich der junge Architekt als Könner in der Nachahmung historischer Baustile.

1913 gingen die Villa und der Park in den Besitz der Stadt über. Im **Zweiten Weltkrieg** wurde das Gebäude zerstört und danach **vereinfacht wieder aufgebaut**. Ab Mitte der 1960er-Jahre diente es dem Südwestrundfunk als Studio und Veranstaltungsraum. Zur Bundesgartenschau 1977 wurde die Parkanlage saniert und über Stege mit dem Schlossgarten verbunden. Zurzeit steht die Villa leer, es wird aber über eine Neunutzung verhandelt.

❭ Villa Berg 1, Haltestelle: Mineralbäder, U1, U2, oder Metzstraße

㉛ Unterer und Mittlerer Schlossgarten ★★ [F1]

Der Schlossgarten folgt dem früheren Lauf des heute verrohrten Nesenbachs bis zum Neckar. Zusammen mit dem Oberen Schlossgarten mitten in der Innenstadt bildet der langgezogene Stadtpark einen großen Teil des „Grünen U".

Der Untere und der Mittlere Schlossgarten reichen bis hinunter zum Neckar. Hier wird **Schach** und **Boule gespielt**, der **Schlossgartensee** mit dem Café am See umrundet, auf

Stuttgart-Nord und -West

Wiesen geträumt oder gelesen. Nahe der Haltestelle „Mineralbäder" symbolisieren zehn „**Berger Sprudler**" die reichen Mineralwasservorkommen der Stadt. Aus den fünf Meter hohen Betonkegeln, die 1977 zur Bundesgartenschau gebaut wurden, quillt jedoch nur gewöhnliches Neckarwasser – oder meistens nichts, da sie abgestellt oder teilweise auch nicht mehr funktionstüchtig sind.

Vom **Neuen Lusthaus**, das Ende des 16. Jahrhunderts unter Herzog Ludwig an der Stelle, an der sich heute das Kunstgebäude **6** befindet, errichtet worden war, blieb nur noch eine **Ruine** erhalten. Mitte des 18. Jahrhunderts zum Opernhaus, Mitte des 19. Jahrhunderts zum Königlichen Hoftheater umgestaltet, war bei einem Brand im Jahr 1902 fast das komplette Gebäude zerstört worden. Der erhaltene Teil der Arkaden mit Treppenaufgang steht seither im Mittleren Schlossgarten. Der große **Biergarten** mit 2000 Plätzen ist auch zum Public Viewing bei Fußballevents und zum Sonntagsfrühschoppen bei Livemusik beliebt – seine Tage sind wegen Stuttgart 21 aber möglicherweise gezählt. Über einen Fußgängersteg gelangt man nahe dem Hauptbahnhof in den **Oberen Schlossgarten** **2**.

Mittlerer und Unterer Schlossgarten sind die Bereiche, die durch **Stuttgart 21** (s. S. 63) am meisten verändert werden. Der Protest bezüglich des Großprojekts entzündete sich auch an der Frage, wie mit den Parkanlagen umgegangen werden soll. Aus Sicht der Bahn wird die Grünanlage **um 20 Hektar erweitert** und durch den Abriss der Gleisanlagen **von allen Seiten zugänglich** und **mit der Stadt verbunden** – dies sei eine städtebauliche Jahrhundertchance und zudem gut für das Stadtklima und

KLEINE PAUSE

Ausspannen im Schlossgarten

122 [E2] **Biergarten am Schlossgarten**, Am Schlossgarten 18, Tel. 2261274, www.biergartenschlossgarten.de, täglich 10.30– 1 Uhr. Der gut besuchte Biergarten (Selbstbedienung) im Grünen ist auch ein beliebter Ort für Public Viewing bei Fußballspielen. Derzeit rückt der Bauzaun von Stuttgart 21 der großstädtischen Idylle recht nahe.

eine Art Wiedergutmachung am Park. Der bisher bestehende **Höhenunterschied** zwischen Gleis- und Grünanlagen soll durch eine Geländemodellierung des Bahndamms ausgeglichen werden, die begrenzende Mauer entfallen. Schöne, aber verwaiste Plätze wie beim **Amphitheater** oder bei den **Rossebändigern**, der zweiteiligen Skulpturengruppe aus Carraramarmor von Ludwig von Hofer, könnten neu belebt werden, die berühmte **Platanenallee** würde nicht mehr an den Rand gedrängt, sondern könnte ihre alte Funktion als zentrale Achse zurückgewinnen.

Den **Gegnern des Projekts** fiel allerdings negativ auf, dass von insgesamt 100 freiwerdenden Hektar Fläche nur ein geringer Teil als öffentlicher Raum genutzt werden soll. Der große Rest ist dagegen offensichtlich als Bauland geplant. Dass direkt am Schlossgarten bezahlbarer, für Familien attraktiver, autofreier Wohnraum entsteht, wird von ihnen angezweifelt. Investoreninteressen und Immobilienspekulation sprächen eher dafür, dass mitten im Stuttgarter Zentrum Luxusquartiere für Besserverdienende direkt im Grünen geplant seien.

Bevor das erhöht gelegene Schloss Rosenstein ㉘ aber wie angekündigt seine alte Rolle als Fluchtpunkt einer Blickachse zurückerhalten kann, stehen zunächst die **mehrjährigen Bauarbeiten** an. Dafür müssen rund **280 Bäume** im Schlossgarten **gefällt** werden.

› Haltestelle: Hauptbahnhof, U5, U6, U7, U9, U12, U14, U15, S1, S2, S3, S4, S5, S6

㉜ Planetarium ★ [F2]

Im Gegensatz zur Sternwarte ㉝ zeigt das Planetarium einen **künstlichen Sternenhimmel**, der aber dank des Zeiss-Projektors so brillant dargestellt werden kann, wie ihn sonst nur Raumfahrer sehen. Das **wechselnde Programm** mit etwa einstündigen Vorstellungen im Kuppelsaal wird mit Lasershows und Vorstellungen zum nächtlichen Sternenhimmel oder neuen Entdeckungen in fernen Galaxien bestritten.

Der ungewöhnliche Bau des Stuttgarter „Sternentheaters" in Form einer **Stufenpyramide** wurde in den 1970er-Jahren von der Carl-Zeiss-Stiftung ermöglicht. Inzwischen ist das Gebäude aber etwas in die Jahre gekommen. Derzeit wird seitens der Stadt noch geprüft, ob bei der **geplanten Renovierung** der Einrichtung ein Umzug ansteht oder der Standort im Mittleren Schlossgarten beibehalten werden kann – angesichts der Planungen für Stuttgart 21 ist die Zukunft noch ungewiss.

› **Carl-Zeiss-Planetarium,** Willy-Brandt-Str. 25, Haltestelle: Staatsgalerie, U1, U2, U4, U9, U14, Tel. 1629215, www.planetarium-stuttgart.de, Di.–Fr. 9–11.30 und 14–16.30, außerdem Mi., Fr. 19–21.30, Sa., So. 13–19.30 Uhr, Eintritt 6 €, ermäßigt 4 €

㉝ Sternwarte und Uhlandshöhe ★ [G3]

Anfang der 1920er-Jahre wurde auf der Uhlandshöhe ein **Sandsteinturm mit einer Stahlblechkuppel** erbaut, die sich für die installierte Fernrohranlage aufschieben lässt. 1922 eröffnet, ist die Stuttgarter eine der ältesten **öffentlichen Sternwarten** Deutschlands: Man wollte auch der breiten Bevölkerung die Astronomie näherbringen. Nach kriegsbedingter Pause in der Nachkriegszeit wiedereröffnet, erhielt die Sternwarte 1952 den noch heute genutzten **Zeiss-Refraktor**. Fast täglich kann nun nach Einbruch der Dunkelheit der Sternenhimmel beobachtet werden, bei bewölktem Himmel finden allerdings keine Vorführungen statt. Auch von der Grünanlage auf der Uhlandshöhe bietet sich übrigens ein toller Blick auf den Stuttgarter Kessel.

› **Schwäbische Sternwarte,** Zur Uhlandshöhe 41, Haltestelle: Heidehofstraße, U15, Tel. 281871, www.sternwarte.de, Führungen Jan.–März, Okt.–Dez. Mo., Mi.–Sa. 20 Uhr, April, Sept. Mo., Mi.–Sa. 21 Uhr, Mai–Aug. Mo.–Sa. 22 Uhr, Sonnenführung März–Okt. So. 15 Uhr, Eintritt 3 €, ermäßigt 2 €, Familien 7 €

EXTRATIPP

Sterne des Südens und Schätze des Westens

Einmal im Jahr präsentiert sich der **Stuttgarter Süden** beim **Tag der offenen Tür.** Mitte September heißen Geschäfte, Ateliers, Institutionen und Selbstständige dann Besucher willkommen. An einem zweiten Termin laden Künstler und Kunsthandwerker in den **Stuttgarter Westen** ein.

› www.stuttgart-sued.info und www.schaetze-des-westens.de

Stuttgart-Süd und -Ost

Kulturstätten, Grünanlagen, Aussichtspunkte, zu denen man mit altgedienten Bahnen gelangt, und der Stuttgarter Fernsehturm bilden attraktive Ziele im Stuttgarter Osten und Süden.

34 Linden-Museum ★ [B2]

Alle Kontinente vereint in einem Museum: Im Linden-Museum macht man eine unterhaltsame Weltreise zu fremden Völkern und Kulturen.

Seinen Namen verdankt die geschichtsträchtige Sammlung, die zu den größten ethnologischen Museen Europas zählt, **Karl Graf von Linden** (1838–1910). Er pflegte wissenschaftliche Kontakte in die ganze Welt, legte den Grundstock für die völkerkundliche Sammlung und holte auch berühmte Forscher wie Sven Hedin und Roald Amundsen nach Stuttgart. Zudem amtierte er als Vorsitzender des „Vereins für Handelsgeografie", der Zeugnisse fremder Kulturen sammelte und sich zum Bau des 1911 eröffneten Museums entschloss, um das Kulturverständnis zu fördern.

Neben der Dauerausstellung geben **Sonderschauen** und ein Rahmenprogramm an **Veranstaltungen** Einblick in **Kunst- und Kulturgeschichte außereuropäischer Völker**. Die **Dauerausstellung** selbst ist regional untergliedert und widmet sich den traditionellen Kulturen in Afrika, dem islamischen Orient, Nord- und Lateinamerika, Süd- und Ostasien sowie Ozeanien. Zum Teil wird dem Besucher eine **atmosphärische Inszenierung der Alltagskultur** geboten, etwa mit einer afghanischen Basarstraße, einem bolivianischen Hirtenhaus oder einem nigerianischen Markt.

> Hegelplatz 1, Haltestelle: Hegelplatz, Bus 40 und 42, www.lindenmuseum. de, Tel. 20223, Di., Do.–So. 10–17, Mi. 10–20 Uhr, Eintritt 4 €, ermäßigt 3 €, bis 12 Jahre frei, Familien 7 €, Mi. 17– 20 Uhr freier Eintritt

35 Hoppenlaufriedhof ★ ★ [B3]

Der Hoppenlaufriedhof ist eine der **ältesten Begräbnisstätten Stuttgarts**. Das gesamte Ensemble des schon 1626 angelegten Friedhofs nahe der Liederhalle steht unter **Denkmalschutz**. Der **Gesamteindruck** ist auch das, was den Friedhof so reizvoll macht, nicht einzelne Gräber. Schon seit 1880 finden hier keine Beerdigungen mehr statt, deshalb sind viele Grabstellen stark verwittert und die Inschriften kaum oder gar nicht mehr lesbar. Der verwunschene alte Stadtfriedhof hat eine ganz eigene Atmosphäre, ist aber zugleich auch ins Heute eingebunden, weil die Studenten der nahen Universität und andere Fußgänger ihn auf ihren Wegen gerne als Abkürzung nehmen.

Die Anlage ist eine Station der **Schwäbischen Dichterstraße**, die rund 70 literarische Gedenkstätten im Land verbindet. Steinerne Grabmäler erinnern an einige Schriftsteller, als bekannteste Wilhelm Hauff, Gustav Schwab und Christian Friedrich Daniel Schubart. Der Märchendichter Hauff, 1802 in Stuttgart geboren, wurde nur knapp 25 Jahre alt. Neben ihm und seinen Kollegen wurden auch der Verleger Johann Friedrich Cotta und die Scherenschnitt-

▶ *Grabstätten im jüdischen Teil des Hoppenlaufriedhofs*

künstlerin Luise Duttenhofer hier zur letzten Ruhe gebettet.

Sehenswert ist auch der durch eine Mauer abgegrenzte **jüdische Teil.** Er wurde ab 1834 angelegt und ist der erste jüdische Friedhof in Baden-Württemberg, der in einen Stadtfriedhof integriert wurde. Dicht an dicht reihen sich hier die Grabsteine aneinander.

❯ Rosenbergstr. 7, Haltestelle: Berliner Platz, U2, U4, U9, oder Hegelplatz, Bus 40, 42 und 43, März–Nov. Mo.–Sa. ab 7.15 Uhr, So. und täglich im Dez.–Febr. ab 8 Uhr bis zur Dämmerung. Fünf Eingänge, mit angeschlagenen Lageplänen.

🟥36 Berliner Platz ★ [B4]

Die denkmalgeschützte Liederhalle als reines Konzerthaus ist Teil eines großen, international anerkannten Kongresszentrums. Auch im benachbarten Bosch-Areal sind Kultur- und Medieneinrichtungen untergebracht.

Im Zweiten Weltkrieg zerstörten Brandbomben bei einem schweren Luftangriff auf Stuttgart die alte Liederhalle. In den 1950er-Jahren wurde am selben Ort die neue **Liederhalle** (s. S. 44) nach einem Entwurf der Architekten Rolf Gutbrod und Adolf Abel erbaut und fand damals internationale Beachtung. Außer für seine Architektur ist der 1956 eröffnete **Beethovensaal** mit dem Grundriss eines Konzertflügels und 2000 Plätzen vor allem für seine hervorragende Akustik bekannt. Mit **Silchersaal** und **Mozartsaal** sind noch zwei kleinere Konzerträume in der Liederhalle untergebracht. Wolfgang Henning erweiterte den Konzertbau 1991 mit einem Kongressanbau zum heutigen Kultur- und Kongresszentrum Liederhalle.

Das benachbarte **Bosch-Areal** entwickelte sich vom Firmensitz eines Weltkonzerns zum **Kulturtreff.** Um die Wende zum 20. Jahrhundert hatte Robert Bosch hier einst eine Werkstatt gegründet, die zur Keimzelle des Weltunternehmens wurde. Bis zum Ersten Weltkrieg hatte sich die Produktionsstätte schon zu einer großen Fabrikanlage erweitert, für die die Architekten Carl Heim und Jacob Früh damals sehr moderne Entwürfe vorlegten: Die drei Fabrikgebäude, 1910 bis 1912 erbaut, sind die ältesten Sichtbetonbauwerke Baden-Württembergs. Anfang der 1970er-Jahre verließ die Firma Bosch ihr Werksgelände mitten in der Stadt. Die Industriearchitektur sollte eigentlich abgerissen werden, doch eine Bürgerinitiative konnte dies verhindern. Seit der Modernisierung unter Leitung des Architekten Roland Ostertag siedelten sich hier **Medienbetriebe** und **Kulturinstitutionen** an, darunter das **Literaturhaus** (s. S. 48) mit kleiner Buchhandlung und ein großes **Multiplexkino.**

Nördlich angrenzend ist beim Hotel Maritim ein typisches Beispiel

Stuttgart-Süd und -Ost

LITERATURTIPP

Geschichten aus Stuttgart
Irene Ferchl hat für den Verlag Klöpfer & Meyer die lesenswerte Anthologie „**Geschichten aus Stuttgart**" zusammengestellt, in der Einheimische, Zugezogene und Durchgereiste, Lokalpatrioten und Nestflüchter zu Wort kommen. Sie ist auch Herausgeberin des „literaturblatt Baden-Württemberg". Literarische Tipps per Mausklick für ganz Baden-Württemberg finden sich auf www.literaturland-bw.de.

für „Stuttgarter Kontraste" zu entdecken. Zwischen dem Hotel mit seiner zeittypischen funktionalen Architektur und dem benachbarten Hoppenlaufriedhof **35** steht die **Alte Reithalle**. Als Bankett- und Festsaal wurde das denkmalgeschützte Stahl- und Glas-Gebäude aus den 1880er-Jahren einfach in den Hotelkomplex integriert. Hier finden Tagungen und teils auch Konzerte sowie Filmfeste statt. Die schöne historische Mehrzweckhalle mit einer filigranen Dachkonstruktion aus weitgespannten Eisenträgern besaß einst eine ovale Manege für Reit- und Zirkusdarbietungen. Von den 1920er-Jahren an hatte die Robert Bosch AG die Halle zur Werkshalle umfunktioniert. Seit Anfang der 1990er-Jahre gehört die wieder zum echten Schmuckstück sanierte Reithalle zur Hotelkette Maritim.

› **Bosch-Areal**, Breitscheidstraße/Seidenstraße, Haltestelle: Berliner Platz, U9, U14, www.bosch-areal.de

37 Weißenburgpark ★ [E8]

Ende des 19. Jahrhunderts erwarb **Ernst von Sieglin** die klassizistische **Weißenburg-Villa** in Stuttgart-Süd. Der Unternehmer ließ den Park umgestalten und 1912/1913 auf der Anhöhe einen kleinen Pavillon, das sogenannte **Teehaus**, und den **Marmorsaal** bauen, die heute als beliebtes Ausflugslokal (s. S. 37) beziehungsweise als Veranstaltungsort genutzt werden. Die Sieglin-Erben verkauften den gesamten Besitz Mitte der 1950er-Jahre an die Stadt Stuttgart.

Anlässlich der **Bundesgartenschau 1961** wurde der Park zu einer etwa fünf Hektar großen öffentlichen Grünanlage umgestaltet und die Villa kurze Zeit später abgerissen. An der höchsten Stelle des Weißenburgparks befindet sich heute eine **Aussichtsplattform** mit einmaligem Blick auf die Stuttgarter Innenstadt. Der Park ist Teil eines Grüngürtels, der sich bis zum Wernhaldenwald beim Haigst hinaufzieht.

› Mörikestr. 24, Haltestelle: Bopser, U5, U6, U7

38 Städtisches Lapidarium ★★ [B7]

Steinerne Überreste in einer historischen Parkanlage bilden eine Art romantisches Freilichtmuseum zur Bau- und Kulturgeschichte der Landeshauptstadt.

In dem am Fuße der Karlshöhe gelegenen Lapidarium der Stadt Stuttgart sind über zweihundert Bruchstücke und **Überreste zerstörter oder abgerissener Bauten** der Stadt zu sehen. So bieten unter anderem steinerne Türumrahmungen eines Hauses aus der Marktstraße in Bad Cannstatt und einer Mühle in Berg sowie weitere historisch wertvolle Portale zerstörter Häuser und des Hoppenlaufriedhofs, Konsolen, Reliefs und Plastiken einen **interessanten Zugang zur Stadtgeschichte**.

Den reizvollen Park hatte zu Beginn des 20. Jahrhunderts ein Fabrikant im **Stil der italienischen Renaissancegärten** anlegen lassen. Aus seinem Besitz stammen auch die römischen Antiken in der **Wandelhalle.** In der Nachkriegszeit bemühte man sich, hier auch aus den im Zweiten Weltkrieg entstandenen Trümmerhaufen gerettete Kulturdenkmale für die Nachwelt zu erhalten. Heute kümmert sich das Stadtarchiv um Pflege und Instandhaltung der 1950 eröffneten Sammlung.

In der zauberhaften Atmosphäre des „steinernen Gartens" mit Terrassen, Brunnenhof, Wandelgang und altem Baumbestand fernab vom Verkehrslärm der Innenstadt fühlt man sich wie in einer ruhigen Oase.

❯ Mörikestr. 24, Haltestelle: Feuersee, S1, S2, S3, S4, S5, S6, Tel. 2164448, Mai–Sept. Mi.–Sa. 14–18, So. 11–18 Uhr, Eintritt frei

㊴ Karlshöhe ★★ [A7]

Zum 25-jährigen Regierungsjubiläum von König Karl im Jahr 1889 wurde der 343 Meter hohe Reinsburghügel im Süden der Innenstadt in Karlshöhe umgetauft. Zu diesem Zeitpunkt entstand auch die öffentliche Grünanlage auf der Anhöhe als **Landschaftspark im englischen Stil** mit Bogenbrückchen. Hundert Jahre später war der Park rund um die Mulde eines ehemaligen Steinbruchs recht verwildert und zugewachsen. Vom Stuttgarter Verschönerungsverein, der schon 1864 hier eine Linde gepflanzt hatte, wurde die Anlage nach historischem Vorbild wieder hergerichtet.

Renoviert wurde auch der **Pallas-Athene-Brunnen** an der Nordseite des Hügels, der ebenso wie die **Willy-Reichert-Staffel** in die Liste der Stuttgarter Kulturdenkmale aufgenommen wurde. Diese nach einem schwäbischen Schauspieler und Humoristen benannte Treppenanlage führt mit mehr als 400 Stufen wieder hinunter in den Talgrund bis zur Tübinger Straße.

Während der NS-Zeit sollte auf der Karlshöhe ein 160 Meter langes und 120 Meter breites Gebäude für den „Reichssender Stuttgart" errichtet werden, das kriegsbedingt nicht realisiert wurde. Zur Bundesgartenschau 1961 entstand eine **Milchbar,** in der heute den Sommer über der Biergarten Tschechen & Söhne (s. S. 37) mit Blick über die Stadt öffnet.

❯ Haltestelle: Silberburg-/Reinsburgstraße, Bus 9

㊵ Seilbahn ★★★ [am]

Die erste vollautomatische Standseilbahn der Welt, ein nostalgisches Überbleibsel aus der Vergangenheit, ist kein Museumsstück, sondern bringt nach wie vor Besucher vom Südheimer Platz im Stadtteil Heslach zum Waldfriedhof ㊶.

Bekannt ist sie als „**Erbschleicherexpress"** oder „**Lustige-Witwen-Bahn",** denn auch Trauergesellschaften mitsamt Kränzen und Blumenschmuck nahmen früher das Bähnchen. Die **denkmalgeschützte Holzbahn** aus dem Jahr 1929 überwindet auf einer 536 Meter langen Strecke 87 Höhenmeter. An jedem Ende eines langen Stahlseils hängt ein Wagen. Während der eine auf den Schienen aufwärts strebt, gleitet der andere über die mit bis zu 28 Prozent geneigte Strecke herunter.

Die **Fahrzeuge** mit viel Teakholz und Messing sind äußerlich noch fast im Originalzustand und auch Anlagen und Gebäude sind nach aufwendiger

041st Abb.: sm

technischer Sanierung noch weitgehend als **historisches Ensemble** erhalten. So ist die Standseilbahn nicht nur ein Verkehrsmittel im Verkehrsverbund Stuttgart, sondern auch ein faszinierendes Technikdenkmal – und sie läuft wie am Schnürchen.

❯ Südheimer Platz, Haltestelle: Südheimer Platz, U1, U14, www.ssb-ag.de, täglich 9.10 – 17.50 Uhr etwa alle 20 Minuten. Es gelten die normalen Tarife des VVS (s. S. 127).

④① Waldfriedhof ★ [am]

Stuttgarts größter Friedhof im Süden der Stadt wurde 1913 im Degerlocher Forst angelegt. Hier im lichten Mischwald wird mit einem **Ehrenfeld** und einem **Ehrenhain** der Gefallenen des Ersten und Zweiten Weltkriegs gedacht. Zahlreiche **Grabstätten bekannter Persönlichkeiten** machen den Friedhof zu einem Stück Stuttgarter Geschichte – der Firmengründer Gottlob Bauknecht, Paul Bonatz, der Architekt des Hauptbahnhofs, der Industrielle Robert Bosch, Kaufhausgründer Eduard Breuninger, Bundespräsident Theodor Heuss und Elly Heuss-Knapp, der Maler Adolf Hölzel, die Malerin Ida Kerkovius,

Fritz Leonhardt, der Bauingenieur des Fernsehturms, der Fernsehproduzent Michael Pfleghaar, der Künstler Oskar Schlemmer und der Tenor Wolfgang Windgassen fanden hier ihre letzte Ruhe.

Oberbürgermeister Manfred Rommel sorgte dafür, dass 1977 die **RAF-Terroristen** Andreas Baader, Gudrun Ensslin und Jan-Carl Raspe nach ihrem Selbstmord in Stammheim trotz massiver Proteste und erboster Schlagzeilen ein Begräbnis auf dem benachbarten **Dornhaldenfriedhof** erhielten.

❯ Waldfriedhof 3, Haltestelle: Waldfriedhof, Standseilbahn ab Stadtbahnhaltestelle Südheimer Platz, Tel. 2164478, täglich von 7.30 Uhr bis zur Dämmerung

▲ Hat schon über 80 Jahre auf dem Buckel: die Seilbahn ④⓪ *zum Waldfriedhof*

42 Fernsehturm ★★★ [dm]

Wenn es Nacht wird, strahlt hoch über dem Talkessel auf dem Hohen Bopser in Degerloch das schlanke Wahrzeichen der Stadt.

Als **erster Fernsehturm der Welt** ist das 1956 in Betrieb genommene Stuttgarter Exemplar sozusagen das Urmodell für alle folgenden. Und für viele ist der elegante Prototyp nach wie vor auch der schönste Fernsehturm. Das unter Denkmalschutz stehende Bauwerk in Degerloch gilt als **architektonisches Meisterwerk**: Das technisch Notwendige wurde filigran und ästhetisch gestaltet. Der Turm erhebt sich 217 Meter hoch auf dem südlichen Höhenrand. Kein anderer Punkt ermöglicht einen so **grandiosen Ausblick** auf die Stadt und über Weinberge und Neckartal bis zur Schwäbischen Alb und zum Schwarzwald.

Vorgeschlagen hatte die Betonkonstruktion der Stuttgarter Statiker und Brückenbauer **Fritz Leonhardt**. Zuvor waren solche Antennentürme, wie ihn der Süddeutsche Rundfunk bauen wollte, hässliche, mit Seilen abgesicherte Metallgittermasten. Sein Gegenentwurf sah eine **Betonnadel** mit einem **zylindrischen Korb** vor, der **Aussichtsplattform, Sendetechnik** und **Gastronomie** beherbergen sollte. Ob so ein Bauwerk, damals das höchste Deutschlands, auch heftigen Stürmen trotzen würde, galt zur Bauzeit nicht als ausgemacht. Trotz endloser Diskussionen, die aber vor allem der Finanzierung galten, wurde der Fernsehturm dann 1956 realisiert. Wegen der hohen Besucherzahlen waren die Kosten von vier Millionen Mark übrigens durch Eintrittsgelder zehn Jahre nach Fertigstellung praktisch wieder „einge-

EXTRATIPP

Zahnradbahn

Wer beim Waldfriedhof 41 zusätzlich einen Spaziergang einplanen möchte, der kann ein Stück über den **Blaustrümpflerweg** bis nach Degerloch laufen – immer der blauen Socke nach, mit der der Weg ausgeschildert ist.

Mit **einer der letzten Zahnradbahnen Deutschlands** gelangt man anschließend wieder hinunter in den Kessel: Seit 1884 ist die „Zacke" in Betrieb. Als Linie 10 der Stuttgarter Straßenbahnen verbindet sie den Marienplatz im Stuttgarter Süden über die Alte Weinsteige mit dem Stadtteil Degerloch. Übrigens: Bergauf dürfen Fahrräder mitgenommen werden.

❯ Bergstation in Degerloch, Talstation am Marienplatz, dort Verbindung mit U1, U14, Infos unter www.vvs.de/download/ freizeitportal/flyer/faltbl_ blaustruempflerweg.pdf

spielt". Und schon seit mehr als 50 Jahren bewährt sich das Bauwerk in Wind und Wetter.

Der Sendeturm des SWR mit der Plattform in rund 152 Meter Höhe ist immer noch ein beliebtes Ausflugsziel. Man kann hier aber nicht nur in die Ferne schauen. Der Turm wird auch für Theateraufführungen und Gastronomie genutzt. Das **Lokal OBEN** in 147 Meter Höhe versteht sich tagsüber als Panorama-Café und verwandelt sich abends in eine Cocktailbar. Auch das **Restaurant UNTEN** und den **Biergarten DRAUSSEN** findet jeder auf Anhieb.

Eine **Führung** durch das Innenleben des Fernsehturms vom Fundament bis zur Aussichtsplattform ist immer Do. um 18 Uhr möglich und hochinteressant. Eine Anmeldung ist nicht nötig, aber empfehlenswert, da maximal 15 Personen teilnehmen können.

› Jahnstr. 120, Haltestelle: Ruhbank/ Fernsehturm, U7, U8, U15, www. fernsehturmstuttgart.com, So.–Mi. 9–23, Do.–Sa. 9–2 Uhr, Tickets 5 €, Kinder 3–15 Jahre 3 €, bis 2 Jahre frei, Abendtarif ab 20 Uhr 3 €, Führungen Tel. 9294743, Dauer etwa 45 Min. Café-Bar OBEN So.–Mi. 9–23, Do.–Sa. 9–2 Uhr, Restaurant UNTEN Di.–Sa. 14–18.30 Uhr Kaffee und Kuchen, 18.30–22.30 Uhr Abendkarte. Der Biergarten DRAUSSEN ist von Mai bis September geöffnet.

Entdeckungen am Stadtrand

🄳 Bad Cannstatt ★★   [eh]

Bad Cannstatt kann mit Kurpark und Mineralbad aufwarten, verdankt es seinen Status als Bad doch den Mineralquellen. Könige und Kaiser kurten einst in dem international bekannten Ort, der im 19. Jahrhundert seine Blütezeit erlebte.

Beim Bummel durch die alten Gassen kann man des Öfteren auf Anwohner treffen, die an den **öffentlichen Brunnen** das sprudelnde Wasser für den Hausgebrauch gleich kastenweise in Flaschen oder in große Kanister abfüllen. Sprudelnde Mineralquellen besitzt der Ort in großer Zahl, neben den Stuttgarter Vorkommen befindet sich ein Teil auch auf der Bad Cannstatter Seite des Neckars. Belle-Epoque-Kuratmosphäre herrscht jedoch nur im Kurpark, die Altstadt hat ihr Flair vor allem

Gottlieb Daimler

*Am Auto hängt, zum Auto drängt heute ja alles – und so sind die beiden **Automobilmuseen** von Mercedes-Benz 🄴 und Porsche 🄶 die meistbesuchten Einrichtungen in Stuttgart. Während im Mercedes-Benz-Museum drinnen die Mobilität gefeiert wird, steht draußen vor der Tür der ein oder andere Mercedes zur gleichen Zeit auf der mehrspurigen B14 im Stau. Auf **maximal eine Million Fahrzeuge** hatte der Firmengründer das Absatzpotenzial der neuen Erfindung beziffert – schon mangels kompetenter Fahrer sei an mehr nicht zu denken. Eine Fehleinschätzung! Vor allem das **Wirtschaftswunder** brachte den Absatz auf Touren. Wer konnte, fuhr Daimler. Ab den 1950er-Jahren galt das Unternehmen als **Aushängeschild** für die Erfolgsgeschichte des westdeutschen Kapitalismus.*

*Auch die Stadt profitierte von der Entwicklung. Die beiden Automarken Porsche und Mercedes-Benz und zahllose Zulieferer sind auch heute noch eng mit Stuttgart verbunden. Sie sorgen für **Wohlstand** und sponsern **Kultur**. Rund **55.000 Arbeitsplätze** stellt die Autoindustrie im Raum Stuttgart, um die 240.000 sind es in ganz Baden-Württemberg. Gleich neben dem Mercedes-Museum erstreckt sich das Daimler-Stammwerk Untertürkheim.*

den vielen alten Giebelhäusern zu verdanken.

Die alte Badeanstalt wich Mitte der 1990er-Jahre einem Neubau mit moderner Glasarchitektur. Über dem Hauptbecken des **Mineralbads in Bad Cannstatt** wölbt sich eine tonnenförmige Glaskuppel, deren Kons-

Dort allein arbeiten knapp 18.000 Menschen und produzieren vor allem Motoren, Getriebe und Achsen für die Mercedes-Benz-Pkws.

*„Und wer hats erfunden?" So muss man im 125. Jahr der Automobilgeschichte vielleicht schon fragen. Die Ursprünge von Mercedes-Benz liegen in Mannheim, wo **Carl Benz** arbeitete, und in Bad Cannstatt. **Gottlieb Daimler** hatte am Polytechnikum in Stuttgart studiert, mehrere Jahre in Frankreich und England und anschließend als Technischer Direktor der Gasmotorenfabrik Deutz gearbeitet. **Nikolaus Otto**, einer der Firmeninhaber, entwickelte das Viertaktprinzip und Daimler war davon überzeugt, dass Motoren in Zukunft auch andere Dinge antreiben würden - nicht nur die Maschinen der Industrie. 1882 erwarb Daimler eine Villa in der Taubenheimstraße in Bad Cannstatt und baute das zu seiner Villa gehörige Gartenhaus zur Werkstatt aus. Mit **Wilhelm Maybach**, der mit ihm gemeinsam von Deutz nach Cannstatt gegangen war, tüftelte er dort unter größter **Geheimhaltung,** denn die beiden Konstrukteure wollten nicht, dass ihre Ideen der Konkurrenz bekannt wurden. Selbst die Hausangestellten wussten nicht, was in dem kleinen Gartenhaus vor sich ging. Der misstrauische Gärtner holte sogar die*

*Polizei, weil er glaubte, dort befände sich eine Falschmünzerwerkstatt. Statt einer Münzpresse fand die Polizei bei einer nächtlichen Durchsuchung jedoch nur Werkzeuge und Motorteile. Danach konnten Daimler und Maybach ihre Forschungen unbehelligt fortsetzen und entwickelten bis 1883 den ersten **schnelllaufenden Viertaktmotor**. Im Sommer 1886 bauten sie den Motor in eine Kutsche ein, mit der sie erste Probefahrten durchführten - mit einer Geschwindigkeit von etwa 18 km/h. Der Rest der **Erfolgsgeschichte** ist bekannt: 1890 gründete Gottlieb Daimler gemeinsam mit Investoren die Daimler-Motoren-Gesellschaft (DMG), Wilhelm Maybach wurde ihr Technischer Direktor. Den Namen Mercedes ließ die Daimler-Motoren-Gesellschaft um 1902 als Warenzeichen für die Automobile eintragen. 1926 fusionierten die DMG und die Firma Benz zur **Daimler-Benz-AG** mit Sitz in Stuttgart. Es entstand ein Weltunternehmen. Der Autopionier Daimler starb am 6. März 1900 im Alter von 65 Jahren, Wilhelm Maybach im Jahr 1929.*

*Das **Gartenhäuschen** ist heute eine **Gedächtnisstätte** (s. S. 45), in der über Leben und Werk des Ingenieurs Gottlieb Daimler informiert wird und Modelle der ersten Motoren und Gefährte ausgestellt sind.*

truktion vom Büro Schlaich Bergermann und Partner stammt, die auch schon am Bau des Killesbergturms (s. S. 84) beteiligt waren. Noch erhalten ist der in den Kurpark eingebettete **große Kursaal** aus den 1830er-Jahren, ein langgezogener, eingeschossiger Bau mit einer zentralen,

halbrunden Säulenhalle. Später ergänzt wurden **Seitenflügel, kleiner Kursaal** und **Brunnenhaus**.

Die Ansiedelung Bad Cannstatt geht schon auf **Römerzeiten** zurück, was sie viel älter als die benachbarte Großstadt macht, die aber die kleine Nachbarin annektierte. Die Einge-

042st Abb.: gk

Kleine Pause im Klösterle

In einem **1463 erbauten Fachwerk-haus**, das als ältestes Stuttgarts gilt, befindet sich eine der **urigsten Wein-stuben Stuttgarts,** das Klösterle. Im Sommer kann man auch draußen im Hof sitzen und zum Vierteleswein schwäbische Hausmannskost wie Zwiebelrostbraten und Saure Nieren essen. Bis zur Reformation lebten hier Beginen, eine klösterliche Gemeinschaft lediger Frauen, deshalb weist das Haus als Besonderheit auch eine eigene Kapelle auf.

124 [eh] **Klösterle,** Marktstr. 71, Haltestelle: Bad Cannstatt Wilhelmsplatz, Tel. 568962, Mo.–Fr. 17–24, Sa., So. 11.30–24, Küche bis 23 Uhr, Hauptgerichte 8–20 €

Südtiroler Spezialitäten

Am Cannstatter Marktplatz verkauft das **Meran** Südtiroler Spezialitäten. Im modernen Ambiente des Geschäfts oder auf der Terrasse kann man die **Südtiroler Küche** auch auf dem Teller genießen.

123 [eh] **Meran,** Cannstatter Marktplatz, Haltestelle: Bad Cannstatt Wilhelmsplatz, U1, U2, S1, S2, S3, Tel. 84969373, www.meran-stuttgart.de, Mo.–Fr. 9–22, Sa. 9–15 Uhr

043st Abb.: gk

meindung im Jahr 1905 hat jedenfalls nicht unbedingt dafür gesorgt, dass aus der Nachbarschaft am Neckar die große Liebe wurde. Das Verhältnis gleicht wohl eher einer Zweckehe.

▲ *Bad Cannstatts Innenstadt – hier der Platz an der Stadtkirche – ist einen Bummel wert*

An der Stelle, wo vor 2000 Jahren noch das **Römerkastell** aus dem 1./2. Jh. n. Chr. seinen Platz hatte, entstanden nach der Wende zum 20. Jahrhundert erst Reiterkasernen, in den 1990er-Jahren wurden diese dann wiederum zum Veranstaltungsort umgebaut. Die zuletzt von US-Streitkräften genutzte, rund 8,5 Hektar große Anlage wurde schließlich von einem Event- und Gastronomie-Unternehmen gekauft und in Kasernen und Pferdeställen sind nun **Film-, Fernseh-** und **Musikproduktionen, Proberäume** und **Tonstudios, Handwerks-** und **Gastronomiebetriebe** sowie **Eventflächen** untergebracht.

❯ Haltestelle Bad Cannstatt Wilhelmsplatz, U1, U2, S1, S2, S3, zum Kurpark: Haltestelle Daimlerplatz, U2

❹❹ Mercedes-Benz-Museum ★★★ [fj]

Von Anfang an ein Publikumsrenner: Mit rund 650.000 Besuchern jährlich ist das Firmenmuseum von Mercedes-Benz die Nummer 1 unter den Stuttgarter Museen. Das ist vor allem den rund 160 ausgestellten Fahrzeugen geschuldet, aber erst die moderne Architektur und das abwechslungsreiche Ausstellungskonzept machen das Ganze zu einer spannenden Zeitreise durch die Geschichte des Automobils.

Mit dem Aufzug gelangt man aus der wie eine James-Bond-Kulisse wirkenden Eingangshalle nach oben. Auf Ebene 8 beginnt mit einer Pferdestärke – einem ausgestopften Schimmel – die **chronologische Ausstellung**, die mit Filmausschnitten, alten Werbeplakaten und Fotos auch die Hintergründe von 125 Jahren Automobilgeschichte beleuchtet. Tradition verpflichtet – 1886 meldete Carl Benz das Patent für sein motorisiertes Dreirad an, im selben Jahr baute

Gottlieb Daimler einen Verbrennungsmotor in eine Kutsche ein.

Neben Automobilfans pilgern auch **Architekturinteressierte** zum Museum. Das Museumsgebäude mit seiner Hülle aus Aluminium und Glas ist ein Entwurf des Amsterdamer Architektenbüros Ben van Berkel und Caroline Bos und gilt als Meilenstein der „Digitalmoderne". Die Fensterreihen der metallisch schimmernden Fassade bestehen aus 1800 dreieckigen Scheiben, jede ein Unikat. Das Innere ist einer DNA-Spirale nachempfunden, der sogenannten **Doppelhelix**, die sich hier in Betonspiralen in die Höhe schraubt. Dies ist zugleich auch eine Hommage an die Spirale im Guggenheim Museum in New York, das von der Architekturlegende Frank Lloyd Wright entworfen wurde.

In Spiralen führt auch der **Rundgang** vom obersten Geschoss hinunter. Fast wie Steilkurven wölben sich

044st Abb.: gk

▶ *Das auch architektonisch spannende Mercedes-Benz-Museum ist ein Publikumsmagnet*

◀ *Das Klösterle gilt als ältestes Gebäude Stuttgarts*

teilweise die Wände. Zu den rund 160 auf Hochglanz polierten Fahrzeugen im „Sternen-Himmel" gehören neben dem Nachbau des **Benz-Dreirads** die legendären **Silberpfeile**, klassische **1950er-Jahre-Modelle** mit Flügeltüren, ein **Papamobil** und der **Wagen von Kaiser Wilhelm II.**, aber auch **Busse** und **Lastwagen.**

Der **Museumsshop** führt die weltweit größte Auswahl an Artikeln mit dem Stern als Markenzeichen. Im Untergeschoss gibt es außerdem ein eigenes **Restaurant,** in dem der Küchenchef Heimisch-Bodenständiges mit mediterraner Leichtigkeit paart.

› Mercedesstr. 100, Haltestelle: Neckar-Park, S1, Tel. 1730000, www.mercedes-benz-classic.com/museum, Di.–So. 9–18 Uhr, Eintritt 8 €, ermäßigt 4 €, bis 14 Jahre frei, Abendkarte 16.30–18 Uhr (Kassenschluss 17 Uhr) 4 €, ermäßigt 2 €, Museumsshop Di.–So. 10–18, Restaurant 10–19 Uhr

45 Grabkapelle ★★

Zum Angedenken an seine früh verstorbene Frau ließ König Wilhelm I. auf dem 411 Meter hohen „Rotenberg", der eigens in Württemberg umbenannt wurde, ein Mausoleum erbauen. Wegen der wunderbaren Aussicht ist die Grabkapelle heute ein beliebtes Ausflugsziel.

Die junge russische **Großfürstin Katharina** (1788–1819) starb nach nur drei Ehejahren an einer Lungenentzündung. Hofbaumeister Giovanni Salucci baute daraufhin von 1820 bis 1824 die Grabkapelle hoch über dem Neckartal. Er ließ sich bei seinem **Rundbau** auch von antiken Tempeln und vom Pantheon in Rom anregen, sein Bauwerk ist von den Ausmaßen her allerdings weit zierlicher. In allen vier Himmelsrichtungen setzte der Architekt **Säulenvorbauten** an das Gebäude, nach Westen wurde auch eine

monumentale **Treppe** angelegt. Feierlich in Weiß und Gold gehalten, wird der **Innenraum** nur durch ein Oberlicht in der Kuppel erhellt. Ein Gusseisengitter im Boden erlaubt den Blick in die eigentliche Gruft mit dem Doppelsarkophag des Königspaars.

> Württembergstr. 340, Untertürkheim, Haltestelle: Untertürkheim, S1

46 Porsche-Museum ★★★

Das Sportwagen-Museum in Zuffenhausen präsentiert seine Schmuckstücke in einem modernen Museum. Das Wiener Architekturbüro Delugan Meissl entwarf einen außergewöhnlichen Stelzenbau. Der scheinbar darauf schwebende Baukörper mit einer spiegelnden Unterseite ist tatsächlich ein Koloss mit rund 35.000 Tonnen Gewicht. Nur mithilfe hochkomplexer Computerprogramme konnte das Projekt realisiert werden.

EXTRATIPP

Weinmanufaktur Untertürkheim

Die Weinmanufaktur wurde als **beste Genossenschaft Deutschlands** und auch mit vielen Einzelpreisen von Weinmagazinen und bei Wettbewerben ausgezeichnet. Sie steht vor allem für kräftige, trockene Rotweine, produziert aber auch feinfruchtige Weißweine.

🔒 **125** [gk] **Weinmanufaktur Untertürkheim**, Strümpfelbacher Straße 47, Haltestelle: Untertürkheim, S1, Tel. 3363810, Weinverkauf Mo.–Fr. 8–18, Sa. 9–14 Uhr, www.weinmanufaktur.de

Der **dynamisch geformte Museumsbau** ohne jeden rechten Winkel, das futuristische Raumerlebnis und die **PS-starken Fahrzeuge** passen gut zusammen. Das Firmenmuseum von Porsche präsentiert **80 Raritäten für Renn- und Sportwagenfans**, sie „Oldtimer" zu nennen, wäre angesichts der schnittigen Boliden leicht irreführend. Le-Mans-Siegerfahrzeuge sind dabei, einige der schnellsten 917er der Porsche-Historie, weltberühmte Automobilikonen wie der Porsche 356, 550 oder 911, aber auch Studien und Prototypen. Fast alle sind noch fahrtüchtig und gehen ab und an als „Rollendes Museum" auf Reise.

◀ *Lohnt den Besuch schon allein wegen der Aussicht: die Grabkapelle auf dem Württemberg*

Eine Glasscheibe im Foyer gestattet den Blick in die **Museumswerkstatt**, in der Porsche-Klassiker restauriert werden, und im **Museumsshop** sind Sportwagenmodelle sowie Andenken und Geschenke der Nobelmarke erhältlich.

› Porscheplatz 1, Haltestelle: Neuwirtshaus/Porscheplatz, S6, Tel. 01805 356911, www.porsche.com/museum, Di.–So. 9–18 Uhr, Eintritt 8 €, ermäßigt 4 €, bis 14 Jahre frei

47 Schloss Solitude ★★

Das **Neue Schloss 4** unten im Kessel war noch nicht fertiggestellt, da ließ Herzog Carl Eugen 1763 bis 1769 auf den Höhen vor Stuttgart ein weiteres Schloss bauen. Einen **Rückzugsort** fern von allen Repräsentationspflichten wollte er sich dort schaffen. Der Name Solitude – übersetzt „**Einsamkeit**" (Französisch war die Hofsprache des europäischen Adels) – war Programm für das „Maison de Plaisance", das Lust- und Jagdschlösschen im Grünen. Das Wäldchen im Westen der Stadt war abgelegen genug, um auch die Pflichten in der Residenz zu vergessen. Trotzdem wurden im Schlösschen auch **rauschende Feste** gefeiert, ganz allein und einsam blieb der Herzog hier also nicht.

Das **prunkvoll ausgestattete** Schloss in den Wäldern am westlichen Stadtrand ist inzwischen ein **beliebtes Ausflugsziel**. Äußerlich weist das Lustschloss mit abgerundetem Mittelpavillon und geschwungener Treppenanlage **Ähnlichkeiten zum Potsdamer Schloss Sanssouci** auf. Und z. B. der **Weiße Saal** ist prächtig im Stil des Spätrokoko mit Deckenmalerei ausgeschmückt. Heute residiert im Schloss eine Akademie, die

Ein Rennstrecken-Klassiker

Solitude hieß auch eine ehemalige Rennstrecke zwischen Stuttgart und Leonberg. Ein „Naturkurs", so der landläufige Ausdruck, denn die 12 km lange Strecke wurde nicht eigens gebaut, sondern verlief auf einer Reihe von Landstraßen, die sich zum Rundkurs ergänzten. Legendär ist die „Schatten" genannte scharfe Doppel-S-Kurve bei Büsnau, direkt vor dem Relexa Waldhotel Schatten (s. S. 126). Dass hier Rennfahrer wie Formel-1-Legende Jim Clark den gewundenen Parcours mit einer Durchschnittsgeschwindigkeit von 180 km/h durchfuhren, mögen sich die Pendler im Berufsverkehr nach Stuttgart heute kaum mehr vorstellen können. Die große Zeit der Solitude-Rennstrecke ist Geschichte, 1965 fand das letzte Rennen statt.

Stipendien an Kulturschaffende aus anderen Ländern vergibt und ihnen Wohn- und Arbeitsräume bereitstellt, eine schwäbische Villa Massimo.

Über eine Allee war Solitude früher mit der wenige Kilometer entfernten Schlossanlage in Ludwigsburg verbunden und ursprünglich war es auch von weitläufigen **Parkanlagen** mit zahlreichen **Nebengebäuden** wie Orangerien und Kavaliershäuschen umgeben, die aber nur zum Teil erhalten sind.

› Haltestelle: Solitude, Bus 92, Tel. 696699, www.schloss-solitude. de, April–Okt. Di.–Sa. 10–12 und 13.30–17, So. 10–17 Uhr, Nov.–März Di.–Sa. 13.30–16, So. 10–16 Uhr, Eintritt 3,50 €, ermäßigt 1,80 €, Familien 8,80 €

Praktische Reisetipps

004st Abb.: sm

An- und Rückreise

Stuttgart ist gut an das regionale, nationale und internationale Verkehrsnetz angebunden. Der **Stuttgarter Flughafen** wird mehrmals täglich von deutschen Großstädten sowie von Wien und Zürich angeflogen. Rund 55 Airlines, auch Billigfluggesellschaften wie Air Berlin, Germanwings und Tuifly, bieten Verbindungen von und nach Stuttgart an.

Vom **Flughafen zum Hauptbahnhof** ❶ im Zentrum Stuttgarts gelangt man ohne Umsteigen mit den S-Bahn-Linien S2 und S3. Die Fahrtzeit beträgt eine halbe Stunde, die Entfernung etwa 13 Kilometer. Daneben gibt es mehrere Buslinien, die den Flughafen mit der Region verbinden.
❯ www.flughafen-stuttgart.de

Mit dem Auto erreicht man Stuttgart über die A8 und die A81 aus allen vier Himmelsrichtungen. Da um die Stadt häufig Staugefahr besteht, lohnt es sich, schon vorher die richtige Abfahrt auszusuchen.

Die Anreise mit dem **Zug** zum Stuttgarter Hauptbahnhof ist durch den Anschluss an das ICE- und IC-Netz von allen deutschen, österreichischen und Schweizer Großstädten unkompliziert möglich. Man kann sich auf den Internetseiten der Bahngesellschaften über Sparpreise, Gruppentickets, Familienrabatte und Wochenendangebote informieren, bei denen meist Zugbindung besteht.
❯ www.deutsche-bahn.de, www.oebb.at und www.sbb.ch

◀ *Vorseite: Vom Stuttgarter Fernsehturm ⑫ genießt man zu jeder Tageszeit einen einzigartigen Blick*

Autofahren

Die Topografie Stuttgarts hat dazu geführt, dass viele Verkehrsverbindungen unterirdisch durch eine Vielzahl von **Tunneln** geführt werden. Ortsfremden Autofahrern kann das ein paar Orientierungsprobleme bereiten, denn kaum hat man die falsche Abbiegespur gewählt oder ist sonstwie falsch eingeordnet, gerät man schnell in einen der vielen langen Tunnel und kann erst dahinter wieder wenden. Zu den Stoßzeiten im Berufsverkehr bilden sich an den Tunneln und Einfahrtschneisen häufig lange **Staus**.

Im Stadtgebiet von Stuttgart dürfen nur Kraftfahrzeuge mit der grünen **Umwelt-Plakette** (www.umweltplakette.de) fahren. Wer in der Innenstadt parken will, ist am besten mit einem **Parkhaus** beraten. Leicht zugänglich und recht zentral gelegen sind die Tiefgaragen unter der Kulturmeile und unter dem Landtag. Weitere citynahe Parkhäuser finden sich am Rathaus, Kaufhaus Breuninger, Kaufhof und vielen anderen Orten der Innenstadt. Alle genannten Parkhäuser bieten günstigere Abendtarife.

🄿**126** [E5] **Parkhaus Kaufhaus Breuninger,**
Zufahrt über Esslinger Straße
🄿**127** [D3] **Parkhaus Kaufhof,**
Zufahrt über Kronenstraße
🄿**128** [F3] **Parkhaus Kulturmeile,**
Zufahrt über Konrad-Adenauer-Straße
🄿**129** [E4] **Parkhaus Landtag,**
Zufahrt über Konrad-Adenauer-Straße
🄿**130** [D5] **Parkhaus Rathaus,**
Zufahrt über Eichstraße

Wer in Stuttgart mit dem eigenen Wagen unterwegs ist, sollte sich noch mehr als anderswo an die vorgeschriebene Geschwindigkeit halten, hier wird **viel geblitzt**. An den mehr-spurigen Straßen durch die City und den Haupteinfahrtsstrecken stehen auch schon mal **mehrere Blitzgeräte hintereinander.**

Wegen der vielen Hügel kann man außerdem häufig nicht „Luftlinie" fahren, sondern muss zurück ins Tal und von dort wieder hinauf auf die andere Anhöhe. Ein **Navigationssystem** leistet in Stuttgart gute Dienste.

Das Stuttgarter **Carsharing-Unternehmen Stadtmobil** (http://stuttgart.stadtmobil.de) kooperiert mit knapp 70 Städten in Deutschland. Je nachdem, von wo man anreist und ob man dort schon Mitglied beim Carsharing ist, kann man auch auf den Stuttgarter Fuhrpark zugreifen. Verleihfirmen für **Mietwagen** finden sich in der Ankunftshalle des Flughafens und im Hauptbahnhof ❶.

> **Avis**, Hauptbahnhof, Tel. 2237258
> **Europcar**, Hauptbahnhof, Tel. 2244630
> **Sixt** Autovermietung, Hauptbahnhof, Tel. 01805 252525
> **Pannenhilfe:** ADAC Stadtpannendienst, Tel. 01802 222222, aus allen Mobilfunknetzen Tel. 2222222

Barrierefreies Reisen

Ein großes Handicap für **Rollstuhlfahrer** sind die starken **Steigungen** und die vielen **Treppen** in Stuttgart. Stuttgart-Marketing (s. S. 113) gibt die knappe Broschüre „**Stuttgart barrierefrei**" heraus, die einen Innenstadtplan enthält und Infos über die Zugänglichkeit von Sehenswürdigkeiten, Museen, Mineralbädern und Veranstaltungsorten gibt. Außerdem erhält man Hinweise zu Hotels, Restaurants, Parkplätzen und Toiletten. Eine **Sightseeingtour** durch die ebenere Innenstadt, wie ihn auch Stuttgart-Marketing auf der Rückseite des in der Broschüre enthaltenen Stadtplans vorstellt, ist problemlos machbar. Die Broschüre ist (ohne Stadtplan) auch online abrufbar.

> www.stuttgart-tourist.de/
>   barrierefreies-stuttgart

Die **Wilhelma** ㉙ hält für ihr großes Gelände auf ihrer Website Informationen bereit, Rollstuhlfahrer erhalten zudem an der Kasse kostenlos einen Plan („Wilhelma ohne Treppen"), der taugliche Wege veranschaulicht und auf mögliche Hindernisse hinweist.

> www.wilhelma.de/de/besuch/
>   services-fuer-besucher.html

In der Tourist-Information (s. S. 113) ist der Plan „**Verbund-Schienennetz für mobilitätseingeschränkte Fahrgäste**" erhältlich. Die **Stadtbahn** gibt auf ihrer Website detaillierte Infos, inwieweit Haltestellen, Bahnen und Busse, Zahnrad- und Standseilbahn für Geh-, Hör- und Sehbehinderte zu-

◀ *Einer von vielen:
der Wagenburgtunnel*

046st Abb.: gk

Stuttgart preiswert

Wer einen Besuch im **Mercedes-Benz-Museum** 🖲 erst für den späten Nachmittag plant, spart mit dem **Abendticket** die Hälfte des Eintrittspreises, in der **Wilhelma** 🟢 ein Drittel. Besonders schön ist dort ein Abendspaziergang zum ermäßigten Tarif in den Sommermonaten. Mi. und Sa. ist der **Eintritt** in der Staatsgalerie 🟢 **frei**, Mi. 17–20 Uhr auch im Linden-Museum 🟢 und Mi. ab 13 Uhr im **Museum am Löwentor** 🟢 und im **Museum Schloss Rosenstein** 🟢. Und warum nicht mal abends auf den **Fernsehturm** 🟢? Nach 20 Uhr ist auch hier das Ticket günstiger.

An einer kostenlosen **Führung** durch die jeweilige Ausstellung im **Kunstgebäude** 🟢 kann man sonntags um 15 Uhr teilnehmen. An vielen Samstagen führen Gärtner und Tierpfleger kostenlos durch die **Wilhelma** 🟢 (nach Voranmeldung).

Kunstpause (s. S. 73) und **Musikpause** (s. S. 74) sind günstige Offerten des Landesmuseums Württemberg. In der Stiftskirche 🟢 kann man jeden Freitag um 19 Uhr **Chormusik** hören.

Mit der **StuttCard** gibt es Ermäßigungen bei rund 20 Partnern, darunter Staatsgalerie und Kunstmuseum, Mercedes-Benz- und Porsche-Museum 🖲. Das Gutscheinheft gilt drei Tage und kostet 9,70 € bzw. in Kombination mit einem VVS-Ticket für drei Tage für den Innenstadtbereich 18 €. Infos unter www.stuttgart-tourist.de/stuttcard.

gänglich sind. Auch die **Fahrplanauskunft** und die **Website des VVS** wurden möglichst barrierefrei gestaltet.

❭ ww.vvs.de/vvs-barrierefrei und
   www.ssb-ag.de/Barrierefrei-66-0.html

Für Menschen mit einer **Sehbehinderung** wurden bereits einige Ampeln im Innenstadtbereich mit **akustischen Signalen** ausgestattet. In der Regel werden diese Hilfen aber erst installiert, wenn für die Kreuzungen ohnehin neue Ampelanlagen fällig sind. Auch neue **Stadtbahnhaltestellen** werden grundsätzlich mit speziellen **Blindenleitsystemen** ausgestattet. Dies trifft bisher auf die U-Bahn-Haltestellen Degerloch, Ruhbank, Pragsattel, Killesberg Messe, Wilhelm-Geiger-Platz, Feuerbach Krankenhaus, Löwen-Markt Weilimdorf, Schreiberstraße und Bihlplatz sowie Haltestellen an der U9 in Botnang zu.

Bei der S-Bahn sind die Haltestellen Flughafen, Leinfelden, Österfeld und alle Haltestellen auf der Strecke von Böblingen nach Herrenberg entsprechend ausgestattet. An zentralen Stellen der U-Bahn-Haltestellen Degerloch wurden **Tastreliefs** aufgestellt und in Aufzügen der U- und S-Bahn-Haltestellen gibt es eine Beschriftung in Braille-Schrift.

Diplomatische Vertretungen

❭ **Österreichische Botschaft**, Stauffenbergstraße 1, 10785 Berlin-Tiergarten, Tel. 030 26934280, www.bmeia.gv.at
❭ **Schweizer Botschaft**, Otto-von-Bismarck-Allee 4a, 10557 Berlin-Tiergarten, Tel. 030 3904000, www.eda.admin.ch/berlin

Informationsquellen

Infostellen in der Stadt

In der Touristeninformation von **Stutt-gart-Marketing** gibt es **Tickets** für Veranstaltungen, **Fahrscheine** für den öffentlichen Nahverkehr sowie jede Menge **Informationen** zum Kulturprogramm der Stadt und zu anderen sehenswerten Dingen. Außerdem kann man **Hotelzimmer reservieren** und **Souvenirs** kaufen. Eine Dependance der Touristeninformation befindet sich im Flughafen Stuttgart (Terminal 3, Ankunftsebene).

ℹ️**131** [E3] **Tourist-Information i-Punkt,** Königstraße 1a, Haltestelle: Hauptbahnhof, U5, U6, U7, U9, U12, U14, U15, S1, S2, S3, S4, S5, S6, Tel. 22280, www.stuttgart-tourist.de, Mo.–Fr. 9–20, Sa. 9–18, So. 11–18 Uhr

Auskünfte und Wissenswertes speziell für **junge Besucher** der Stadt finden sich bei **Tipsntrips.** Vor Ort (ganz in der Nähe des Bahnhofs) und auf der Website unter der Rubrik „I love Stuttgart" gibt es nicht nur Tipps zum Ausgehen und Einkaufen, zu Kneipen, Biergärten und Eisdielen, sondern auch zu Nachtbussen, Fahrradverleih und preiswerten Unterkünften.

ℹ️**132** [D3] **Tipsntrips,** Lautenschlagerstr. 22, Haltestelle: Hauptbahnhof, U5, U6, U7, U9, U12, U14, U15, S1, S2, S3, S4, S5, S6, Tel. 2222730, www.tipsntrips.de

Karten für Veranstaltungen in der Stadt bekommt man z. B. bei Saturn in den Königsbau-Passagen ❼ (Tel. 221235), bei Easy Ticket (Tel. 2555555, www.easyticket.de) oder auch bei Stuttgart Marketing (Tel. 2228243, www.stuttgart-tourist.de).

Stuttgart im Internet

> **www.stuttgart.de:** Die offizielle Website der Stadt Stuttgart wendet sich nicht nur an die Einwohner, sondern hält auch viele Informationen für Besucher bereit, etwa einen Veranstaltungskalender, Porträts der Stadtteile, Infos über Sehenswürdigkeiten und Typisches wie die Stäffele oder die Mineralquellen.

> **www.stuttgart-tourist.de:** Die Website von Stuttgarts Stadtmarketing hat auch viele Suchfunktionen, mit denen man sich Restaurants und Nightlife-Adressen, Hotels und Einkaufstipps, Wellnessangebote und anderes je nach persönlichem Gusto – für Raucher, mit Kindern etc. – filtern kann.

> **www.lift-online.de:** Die Stadtillustrierte informiert umfassend über Restaurants, Nightlife, Shopping und Kino-, Theater- und Partytermine. Eine Extrarubrik bietet Tipps für Kinder.

> **www.kulturfinder-bw.de:** Das Kulturportal verzeichnet Events, Festivals und Kulturprogramme in 12 Sparten von Ballett bis zu Vorträgen – ein umfassender Veranstaltungskalender für Baden-Württemberg. Das Kulturfinder-Magazin hält über Aktuelles auf dem Laufenden und vertieft in Specials einzelne Themen.

> **www.stuttgart360.de:** Der Fotograf Josh von Staudachs hat mit faszinierender Panoramafotografie Stuttgart-Ansichten festgehalten.

Publikationen und Medien

Karten und Pläne

Gute Stadtpläne gibt es von mehreren Kartografieanbietern von ADAC bis Falk. Spezielles für Kartenfans lässt sich im Kundenzentrum des Stuttgarter Stadtmessungsamts erwerben, etwa **Reliefpläne, Darstellungen aus der Vogelperspektive** (Bollmann-Karte), **Luftbilder** und **Luft-**

bildpläne, historische Karten, thematische Karten zu Freizeit, Radwegen, Umwelt, Naturparks, Wanderwegen und viele andere Stadtkarten. Neben Gedrucktem vertreibt das Amt auch interaktive Kartenwerke und eine 3D-Citymap.

🔒**133** [D3] **Stadtmessungsamt Stuttgart**, Lautenschlagerstr. 22, Haltestelle: Hauptbahnhof, U5, U6, U7, U9, U12, U14, U15, S1, S2, S3, S4, S5, S6, Tel. 2162562, www.stuttgart.de/stadtmessungsamt, Mo.–Do. 8–16.30, Fr. 8–13 Uhr

Meine Literaturtipps: Tatort Stuttgart

*Stuttgarter **Regionalkrimis** gibt es eine ganze Reihe, wer also mörderische Geschichten mit Lokalkolorit lesen möchte, hat die Auswahl. **Silvija Hinzmann**, **Britt Reissmann** und **Martina Fiess** veröffentlichen im Emons Verlag, **Stefanie Wider-Groth** im Theiss Verlag, und Birgit **Hummler**, **Sigrid Ramge**, **Toni Feller**, **Thomas Hoeth**, **Dietrich Weichold** schreiben für den Silberburg Verlag.*

*Überregional machte sich **Heinrich Steinfest** einen Namen, zuletzt mit einem Stuttgart 21 Thriller im Theiss Verlag: Drei Männer und ein Hund sind jeder auf seine Weise mit dem umstrittenen Großprojekt verbunden. **Wolfgang Schorlau** lässt seinen Privatdetektiv Georg Dengler bei Kiepenheuer&Witsch ermitteln. Die Bücher von Altmeister **Felix Huby** um die Fälle vom Kommissar Bienzle, den Tatortfans aus dem Fernsehen kennen, sind alle im Fischer Verlag erhältlich.*

Magazine und Zeitungen

Monatlich bringt **Lift Stuttgart** ein gleichnamiges **Stadtmagazin** heraus, das umfassend über Termine und Themen der Stadt und der Region informiert. Unter derselben Regie erscheinen jährlich neu auch der Shoppingführer **Stuttgart kauft ein** mit rund 1000 Adressen und der Szeneführer **Stuttgart geht aus** mit über 1500 Gastro- und Nightlife-Tipps, herausgegeben vom PV Projekt Verlag.

Zwei Tageszeitungen bringen Mo. bis Sa. Aktuelles und Hintergrundberichte: die **Stuttgarter Nachrichten** und die **Stuttgarter Zeitung**. Beide haben eigene Redaktionen, kommen aber aus demselben Verlagshaus. Sonntags erscheint die gemeinsame Ausgabe **Sonntag aktuell**.

❯ www.stuttgarter-nachrichten.de, www.stuttgarter-zeitung.de, www.sonntag-aktuell.de

Internet und Internetcafés

In den meisten **Unterkünften** gehört ein WLAN-Zugang zum Standard, allerdings nicht überall kostenlos. Auch Zwischenlösungen sind vertreten: Gratiszugang im Foyer oder Frühstücksraum, kostenpflichtig auf dem Zimmer.

Internetzugang bieten auch Barcode (s. S. 41), Suite 212 (s. S. 42) und Muttermilch (s. S. 41), sie sind als **Klubs** an der nächtlichen Hauptschlagader Theo aber zum konzentrierten Arbeiten nicht geeignet. **Lokale**, in denen man sich ins WLAN einloggen kann, sind das Scholz (s. S. 35) am Marktplatz, Café Künstlerbund (s. S. 36) und Plenum (s. S. 37) am Schlossplatz und Mezzogiorno (s. S. 36) nahe der Uni. In der neuen **Stadtbibliothek am Mailänder Platz** ㉕ gibt es ebenfalls Computer-Arbeitsplätze.

@**134** [D4] **Café Treppe,** Kleiner Schlossplatz 13 – 15, Haltestelle: Schlossplatz, U5, U6, U7, U12, U15, Tel. 2221646, www.cafe-treppe.de, Mo. – Do. 8 – 24, Fr., Sa. 8 – 2, So. 10 – 24 Uhr. Onlinecafé, Internetzugang für 3 € pro Stunde.

› **WLAN-Hotspots:** www.freie-hotspots. de und http://stadt.cityreview.de/ baden-wuerttemberg/stuttgart/ wlan-hotspots/

Medizinische Versorgung

Krankenhäuser und Kliniken (auch für Kinder und Zahnmedizin) können in Stuttgart bei gesundheitlichen Problemen und Unfällen in Anspruch genommen werden. In Stuttgart-Mitte zentral gelegene Krankenhäuser sind das **Bethesda-Krankenhaus** und das **Katharinenhospital.** Letzteres ist zugleich das größte Krankenhaus der Region. Daneben gibt es in Stuttgart-West, -Süd, -Ost-, -Nord und Bad Cannstatt knapp ein Dutzend weitere Häuser.

Die aktuellen **Apothekennotdienste** können der Tagespresse oder dem Ansagedienst der Landesapothekenkammer Baden-Württemberg entnommen werden.

✚**135** [C2] **Klinikum Stuttgart/Katharinenhospital,** Kriegsbergstr. 60, Haltestelle: Katharinenhospital, Bus 40, 42, Tel. 27801, www.katharinenhospital.de

› **Ärztlicher Notfalldienst:** Tel. 2628012

› **Ärztlicher Notfalldienst für Kinderheilkunde:** Tel. 27804

› **Zahnärztlicher Notfalldienst:** Tel. 7877711

› **Apotheken-Notfalldienst:** Ansage unter Tel. 01805 002963

› **Rettungsdienst** und **Krankentransporte:** Tel. 19222

✚**136** [D3] **Apotheke Königsbau,** Königstr. 28, Haltestelle: Schlossplatz, U5, U6, U7, U12, U15, www.apotheke-koenigs bau.de , Tel. 2293160, Mo. – Fr. 8.30 – 20, Sa. 9 – 20 Uhr

Mit Kindern unterwegs

Eine Städtetour mit Kindern kann anstrengend sein oder auch Eltern und ihrem Nachwuchs gleichermaßen Spaß machen. Bei Besuchszielen wie dem **Schweinemuseum** (s. S. 46), den beiden **Automuseen** von Mercedes-Benz ㊹ und Porsche ㊺, im zweiteiligen **Naturkundemuseum** (㉖ und ㉘) und in der **Wilhelma** ㉙ brauchen sich beide Seiten nicht zu langweilen. In der Wilhelma sind besonders die Tierfütterungen eine Attraktion: Seelöwen täglich um 11 und um 15 Uhr, Krokodile Mo. 14 Uhr, Piranhas Mi. und Sa. 12 Uhr oder Pinguine täglich 14.30 Uhr.

Bei schönem Wetter lockt der **Höhenpark Killesberg** ㉒, nicht nur mit seinem abenteuerlichen Aussichtsturm, sondern auch mit dem historischen Jahrmarkt. Eine alte Schiffsschaukel, eine Wurfbude, ein Karussell und ein Kasperletheater sehen noch aus wie zu Urgroßmutters Zeiten. Außerdem kann man gemütlich mit der Kleinbahn durch den Park tuckern und Einkehrmöglichkeiten gibt es auch genug. Das Theater in der Badewanne im Park bringt Märchen und witzige Tiergeschichten mit Puppen auf die Bühne. Der 3000 m² Kinderspielplatz gilt als einer der schönsten Stuttgarts und daneben ist das Tiergehege mit Ponys, Lamas, Eseln und

047st Abb.: gk

Ziegen sehr beliebt. Die Tiere dürfen allerdings nicht gefüttert werden.

Kinder von 5 bis 10 Jahren in Begleitung Erwachsener können auch am **Familienspaziergang** von Stuttgart-Marketing (s. S. 113) teilnehmen, einer Stadtführung von etwa anderthalb Stunden unter Federführung von „Spatz Theo".

Deutschlands größtes **Kinder- und Jugendtheater**, das **Junge Ensemble Stuttgart** (s. S. 43), ist mitten in der Innenstadt zu finden, außerdem bieten auch weitere Theater spezielle Kinder- und Jugendvorstellungen an.

In einigen **Museen** gibt es **ermäßigte Eintrittstickets** für die ganze Familie. Für **Neckarfahrten** mit dem Schiff gibt es mehrere Vergünstigungen für

▲ *Bei Kindern sehr beliebt–
der historische Jahrmarkt
auf dem Killesberg* ㉒

Familien: Fr. fahren bis zu vier Kinder kostenlos mit, Di. bis Do. zahlen zwei Erwachsene und ein Kind, jedes weitere fährt gratis mit.

Schon für Kinder ab 4 Jahren gibt es **Mitmachaktionen** und **Führungen in Stuttgarts Museen**. Das **Kunstmuseum** ❽ lädt samstags von 13.30 bis 16.30 Uhr Kinder ab 6 Jahren dazu ein, einzelne Werke zu entdecken. Das Angebot heißt Drop & Shop, weil Eltern derweil durch die Stadt bummeln können (Kosten 8 €). Fast alle Stuttgarter Museen bieten aber auch gemeinsame Angebote für Eltern und Kinder an wie den „Familiensonntag" im Kunstmuseum oder die Familienführungen in der **Staatsgalerie** ⓴ (meist Fr. und So.) und im **Linden-Museum** ㉞ (meist Sa. oder So.). Ein eigenes Kindermuseum, das **Junge Schloss** (s. S. 45), hat das Landesmuseum im Alten Schloss eingerichtet. Auch das **Planetarium** ㉜ bietet eigene Kindervorstellungen an (meist Sa. und So., Reservierung empfohlen). Neben speziellen Kinderführungen gibt es im **Porsche-Museum** ⓻ auch eine Museumsrallye, eine Art Schnitzeljagd mit Fragen zur Ausstellung.

Notfälle

Im Falle eines hoffentlich nicht eintretenden Falles stehen folgende Notrufnummern und Einrichtungen mit Rat und Tat zur Verfügung. Für Adressen von Krankenhäusern siehe S. 115.

🚔 **137** [D5] **Polizeirevier 1,** Hauptstätter Str. 34, Haltestelle: Rathaus, U1, U2, U4, oder Österreichischer Platz, Tel. 89903100, www.polizei.bwl.de. Das Polizeirevier Stuttgart-Mitte ist für die Innenstadt zuständig.

ⓘ **138** [C6] **Fundbüro,** Hauptstätter Str. 66, Haltestelle: Rathaus, U1, U2, U4, Tel. 21689494, www.stuttgart.de, Mo.–Fr. 8.30–13, Do. 14–18 Uhr

❭ Notruf Polizei: Tel. 110
❭ Notruf Feuerwehr: Tel. 112
❭ **Rettungsdienst** und **Krankentransporte:** Tel. 19222
❭ **ADAC-Pannenhilfe:** Tel. 01802/222222

Bei Verlust von deutschen Maestro-(EC-), Kredit- und SIM-Karten gilt überwiegend die einheitliche **Sperrnummer 116116.** Details finden sich im Internet unter www.sperr-notruf.de und www.kartensicherheit.de. Es empfiehlt sich, vor der Reise die individuelle Karten-Sperrnummer und die Nummern der jeweiligen Karte **separat zu notieren.**

Da es für **österreichische** und **Schweizer Karten** keine zentrale Sperrnummer gibt, sollten sich deren Inhaber nach einer aktuell gültigen Notrufnummer ihres jeweiligen Kreditkartenanbieters erkundigen.

Öffnungszeiten

Viele **Läden** in der Innenstadt öffnen gegen 9.30 oder 10 Uhr und bleiben Mo. bis Fr. bis 20 Uhr geöffnet, Sa. bzw. in den Außenbezirken bis 18 Uhr. Seit die Ladenschlussgesetze liberalisiert wurden, gibt es aber individuell unterschiedliche Öffnungszeiten, daher sind sie bei allen Adressen im Buch angegeben.

Die meisten **Museen** sind auf jeden Fall zwischen 10 und 17 Uhr geöffnet und bieten zum Teil zusätzlich an einem Wochentag abends eine längere Öffnungszeit, oft am Mi. oder Do. Montags haben viele Museen geschlossen.

Auch bei den in diesem Buch aufgeführten **Restaurants** sind jeweils die Öffnungszeiten angegeben. Erstaunlich viele Stuttgarter Weinstuben und Restaurants öffnen nur abends, deshalb empfiehlt es sich, bei der Suche nach einem Ort für das Mittagessen genau darauf zu achten. Einige Suppenküchen und Imbisse bieten wiederum nur einen Mittagstisch an.

Post

✉ **139** [D3] **Postbank Finanzcenter,** Bolzstr. 3, Haltestelle: Schlossplatz, U5, U6, U7, U12, U15, Tel. 01802 3333, Mo.–Fr. 10–20, Sa. 9–16 Uhr. Zentral gelegene Poststelle nahe dem Schlossplatz.

Radfahren

Stuttgart ist eine **Autostadt** – nicht nur im wirtschaftlichen Sinn – und wird erst langsam für Fahrradfahrer (und andere Mobilitätskonzepte) aktiv. Es werden gerade **Fahrradverleihkonzepte** wie in Barcelona oder Paris getestet. Wie in der katalanischen Metropole wird auch das **hügelige Stuttgart** damit zu kämpfen haben, dass die Leihräder bergab gerne genutzt werden, bergauf eher weniger, sodass die Leihstationen dort schnell verwaisen.

Wer in Stuttgart in die Pedale treten will, muss für Ausflüge in die Hanglagen eine gute Kondition haben – oder teilweise schieben. Die Stuttgarter Verkehrsbetriebe (s. S. 127) gestatten die kostenlose **Mitnahme von Fahrrädern in S- und Stadtbahnen** außerhalb der Stoßzeiten. In der S-Bahn muss von Mo. bis Fr. zwischen 6 und 8.30 Uhr ein Kinderticket gelöst werden, in der Stadtbahn ist zu den Hauptverkehrszeiten (Mo.–Fr. 6–8.30 und 16–18.30 Uhr) die Mitnahme von Rädern ganz ausgeschlossen. In der **Zahnradbahn** dürfen sie bergauf den ganzen Tag kostenlos mitgenommen werden. In **Bussen** ist in der Regel keine Mitnahme von Fahrrädern möglich (mit Ausnahme weniger regionaler Linien).

Leihmöglichkeiten für Fahrräder gibt es bei der Bahn und privaten Verleihern:

048st Abb.: gk

› **Call a Bike Stuttgart,** www.callabike-interaktiv.de. Nach einer zentralen Registrierung können die Leihräder der Deutschen Bahn telefonisch gebucht werden. An mehr als 40 Stationen stehen Räder, darunter auch E-Bikes, zur Verfügung. Die ersten 30 Minuten sind kostenfrei, danach zahlt man 8 Cent pro Minute, pro Tag maximal 15 €, mit Bahncard 9 €. Die Elektrofahrräder (Pedelecs) kosten 12 Cent pro Minute, pro Tag 22,50 €, mit Bahncard 13,50 €.

● **140** [D3] **Rentabike,** Lautenschlagerstr. 22, Haltestelle: Friedrichsbau, Tel. 2222730, www.rentabike-stuttgart.de, Leihgebühr pro Tag um 16 €, für Schüler und Studenten 12 €, pro Woche 50 €, ermäßigt 33 €

Schwule und Lesben

Bei **www.queer-events.de, www.s-hip. de** und **www.lovepop.info** kann man sich online einen guten Überblick über das Angebot für Homosexuelle in Stuttgart verschaffen. Das **Veranstaltungsportal** für Baden-Württemberg hat nicht nur viele Infos zu Partys, Klubs, Bars und Bistros, sondern verzeichnet auch Dienstleister, Friseure, Ärzte und Apotheken sowie Gruppen und Vereine wie den Chor „Rosa Note" oder den schwul-lesbischen Fanklub des VfB, die Stuttgarter Junxx e. V.

Stuttgarts **schwul-lesbisches Zentrum Weißenburg** ist Treffpunkt, „Vereinsheim", Veranstaltungsort und ideal für Szeneneulinge. Außerdem kooperiert das Zentrum mit der schwul-lesbischen Zimmervermittlung und betreibt ein Café. Dort kann man Kontakt zu den Stuttgarter Lesben- und Schwulengruppen knüpfen, beim Spieleabend vorbeischauen oder eine Kleinigkeit essen.

● **141** [D7] **Schwul-lesbisches Zentrum Weißenburg e. V.**, Weißenburgstr. 28a, Haltestelle: Österreichischer Platz, U1, U14, www.zentrum-weissenburg.de, Tel. 6404494, Café Mo.–Fr. 19–22, So. 15–22 Uhr.

📕 **142** [D5] **Erlkönig**, Nesenbachstr. 52, Haltestelle: Rathaus, U1, U2, U4, www.gay-and-lesbianbooks.de/erlkoenig.html, Tel. 639139, Mo.–Fr. 10–13.30 und 14.30–19, Sa. 10–16 Uhr. Die Buchhandlung für die schwul-lesbische Szene ist gleichzeitig der Redaktionssitz des Magazins „Schwulst" und des „Homoführers" für Baden-Württemberg.

📌 **143** [C4] **Kings Club**, Calwer Str. 21, Haltestelle: Stadtmitte/Rotebühlplatz, U2, U4, U14, S1, S2, S3, S4, S5, S6, www.kingsclub-stuttgart.de, Tel. 2264558, Do. ab 21, Fr.–So. ab 22 Uhr. Die Disco ist ebenfalls ein altehrwürdiger Lesben-, Schwulen- und Bi-Treff in Stuttgart.

📌 **144** [D3] **Laura's Club**, Lautenschlagerstr. 20, Haltestelle: Friedrichsbau, U9, U14, www.laurasclub-stuttgart.de, täglich ab 14 Uhr. Die Bar ist Treffpunkt der schwul-lesbischen Szene und bietet regelmäßige Karaoke-Veranstaltungen und Disco.

📌 **145** [F5] **Treffpunkt Kellergewölbe**, Blumenstr. 29, Haltestelle: Olgaeck, U5, U6, U7, U15, www.gayzone-stuttgart.de, Tel. 2333323, Mi., Fr. ab 20, Sa. ab 21 Uhr. Seit mehr als 25 Jahren gibt es die Schwulenbar mit Disco im (namengebenden) Kellergewölbe und Darkroom.

◀ *Genuss ohne steile Anstiege – Radfahren in der Innenstadt*

Sport und Erholung

Joggen und Inlineskating

Dank der vielen Parks und Grünanlagen sind schöne Laufstrecken für Jogger und Nordic Walker niemals weit und trotz der Steigungen wird auch in Stuttgart viel trainiert. Im „Grünen U" bietet der **Schlossgarten** mitten in der City die ebeneren Strecken, der ruhigere **Rosensteinpark** leichte Steigungen. Beliebt ist auch eine Runde um den künstlich angelegten **Max-Eyth-See** in der Neckarschleife, Stuttgarts größtes Gewässer und beliebtes Naherholungsziel. Man teilt sich die etwa 2,5 Kilometer lange Rundstrecke allerdings mit Inlinern, Radfahrern und vielen Spaziergängern.

Breitensport-Laufereignis des Jahres ist der **Stuttgarter-Zeitung-Lauf** (Ende Mai, Anfang Juni), bei dem knapp 20.000 Teilnehmer an den Start gehen, vor allem auf die Halbmarathon-Strecke, aber auch auf kürzeren Distanzen oder als Staffel.

❯ www.stuttgarter-zeitung-lauf.de

Fußball

Heimspiele des mehrfachen Meisters **VfB Stuttgart** finden in der Mercedes-Benz-Arena statt. Das gigantische neue Fußballstadion im NeckarPark, direkt neben dem Cannstatter Wasen, hat Platz für 60.000 Zuschauer. Eintrittskarten gibt es online beim VfB, vor Ort im Fanshop, im i-Punkt (s. S. 113) und anderen Vorverkaufsstellen (Link mit Verzeichnis unter www.vfb.de) oder telefonisch über die Kartenhotlines von Easy Ticket (Tel. 0711 2555555) oder des VfB (Tel. 0180 58325463).

Der lokale Rivale des VfB, die **Stuttgarter Kickers**, die früher den VfB mit

049st Abb.: gk

Spielernachwuchs versorgten (Jürgen Klinsmann), sind derzeit weit abgestiegen. Die Elf kickt in der Regionalliga Süd (www.stuttgarter-kickers.de).

146 [fj] **VfB-Fancenter,** Carl-Benz-Center, Mercedesstr. 73a, Mo.–Fr. 9–19, Sa. 10–15 Uhr

› **Mercedes-Benz-Arena,** Mercedesstr., Haltestelle: NeckarPark, S1, zu den Heimspielen fahren zusätzlich auch Sonderlinien (U11), www.mercedes-benz-arena.de

Schwimmen

Der Stuttgarter Untergrund hat seine Besonderheiten: Aus 19 Quellen, darunter 13 als **Heilquellen** staatlich anerkannt, sprudeln täglich über 22 Millionen Liter unterschiedlich mineralisiertes und teilweise kohlensäurehaltiges Wasser. Damit gehören die

◣ *Der echte VfB-Fan reist nicht nur zu Heimspielen an*

▶ *Stuttgart bietet jede Menge Möglichkeiten für Wanderfreunde*

Mineralwasservorkommen zu den größten in Europa. Nur in Budapest sprudelt mehr Mineralwasser aus dem Boden. In drei Bädern in Stuttgart und Bad Cannstatt lassen sich die Wohltaten des Mineralwassers genießen.

147 [di] **Mineralbad Berg,** Am Schwanenplatz 9, Haltestelle: Mineralbäder, Tel. 2167090, www.stuttgart.de/baeder, April–Sept. Mo.–Sa. 7–20, So. 7–17 Uhr, Okt.–März Mo.–Sa. 8–20, So. 8–17 Uhr, Eintritt 7,60 €, ermäßigt 6,10 €, inklusive Sauna 14,30 €, ermäßigt 11,30 €. Für sein heilsames Wasser (innen 21, außen 22 °C) bekanntes Thermalfrei- und -hallenbad mit nostalgischem Charme.

148 [eh] **MineralBad Cannstatt,** Sulzerrainstr. 2, Haltestelle: Kursaal, U2, oder Bahnhof Bad Cannstatt mit S1, S2, S3, www.stuttgart.de/baeder, Tel. 2169240, täglich 9–21.30 Uhr, gemischte Sauna Di., Fr.–So. 9–21.30, Mi. 13–21.30 Uhr, nur für Damen Mo., Do. 9–21.30 Uhr, nur für Herren Mi. 9–13 Uhr, Eintritt Schwimmbad 7,90 €, ermäßigt 5,50 €, Eintritt Sauna 14,10–15,60 €, ermäßigt 10,60 €. Zur großzügigen Anlage mit Außenschwimmbecken am Neckar gehören auch Saunalandschaft und Wellnessbereich mit Mineralsauna und russisch-römischem Dampfbad. Fünf Mineralquellen speisen die Schwimm- und Badebecken, deren Temperaturen von 18 °C bis zur 30 °C warmen Thermalsole reichen. Das Anfang der 1990er-Jahre erbaute Mineralbad wurde unlängst aufwendig saniert.

S149 [ei] **Mineralbad Leuze**, Am Leuzebad 2, Haltestelle: Mineralbäder, Tel. 2164210, www.stuttgart.de/baeder, Schwimmbad täglich 6–21 Uhr, Sauna Mo.–Di. 8–21, Mi.–Fr. 8–23, Sa. 7–23, So. 7–21 Uhr, Winzersauna erst ab 10 Uhr, Eintritt 4,80–11,60 €, ermäßigt 2,80–8,40 €. Erfrischend: Im Leuze direkt am Neckar schwimmt man in Mineralwasser unterschiedlicher Temperaturen von 20 bis 30 °C und kann auch im Winter nach draußen. Mit 3300 m² großer Saunalandschaft, Sitz- und Liegebecken, Strömungskanal, Massagedüsen, Wasserfällen und großem Spiel- und Planschbereich für Kinder.

Wandern

Der Verschönerungsverein Stuttgart hat drei Wanderrouten in und um Stuttgart ausgeschildert. Als **Jubiläumsweg** markierte man eine 15,9 km lange Route vom tiefsten Punkt der Stadt in Mühlhausen zum höchsten Punkt am Birkenkopf. Der 54 Kilometer lange **Rössleweg** führt als Rundwanderweg um Stuttgart, der 26 km lange Weg **Vom Schloss zum Schlössle** erschließt das „Grüne U", den Grünzug der Stadt, und führt vom Neuen Schloss zum Bärenschlössle. Eine Wanderkarte mit allen drei Wegen erhält man für 2 € beim Stadtmessungsamt (s. S. 114) und im i-Punkt (s. S. 113) der Stuttgart Tourist-Information.

Der **Stuttgarter Weinwanderweg** führt am Weinbaumuseum (s. S. 47) vorbei. Direkt von der Alten Kelter in Uhlbach kann man also auch zu einem Spaziergang durch die Weinberge und zu Besenwirtschaften aufbrechen. In den Weindörfern wie Rotenberg und Obertürkheim scheint Stuttgart weit weg zu sein. Für die Rundstrecke von etwa 10 Kilometern, ausgeschildert mit Traube und Glas, benötigt man etwa drei Stunden.

Drei weitere Weinwandertouren, die man in etwa zwei Stunden absolvieren und auch miteinander kombinieren kann, führen von Bad Cannstatt zur Lage Zuckerberg, vom Max-Eyth-See nach Mönchfeld oder vom Max-Eyth-See zum Pragsattel. Weinstuben am Wegrand laden immer wieder zum Verweilen und auch Probieren ein.

❯ www.stuttgarter-weinwanderweg.de

050st Abb.: sm

Stadttouren

Die **roten Busse von Stuttgart Tour** fahren auf zwei Sightseeing-Routen durch die Stadt. An jeder Haltestelle kann man aus- und wieder zusteigen und über Kopfhörer gibt es Erläuterungen, übrigens für „Nei'gschmeckte" auch auf Schwäbisch. Die **Blaue Route** startet am Schlossplatz ❺ und führt unter anderem zum Mercedes-Benz-Museum ㊹, zur Wilhelma ㉙, auf den Killesberg ㉒ und zur Weißenhofsiedlung ㉓. Startpunkt für die **Rote Route** zum Fernsehturm ㊷ und zur Zahnradbahn ist ebenfalls der Schlossplatz. Die Stuttgart Touren eignen sich besonders, will man nicht nur im Zentrum bleiben, sondern auch die Hügel ringsherum erkunden.

❯ **Stuttgart Tour**, www.stuttgart-tour.de, April–Dez. 9–18 Uhr etwa stündlich, Ticket 18 €, ermäßigt 15 €, Kinder 6 bis 14 Jahre 9 €, Familien 40 €, Tagesticket und StuttCard (s. S. 112) 24 €

Organisierte Stadtrundgänge mit sehr spezifischen Themen lohnen sich, um Stuttgart aus ganz unterschiedlichen Perspektiven kennenzulernen. Verschiedene Anbieter sorgen für eine vielseitige Auswahl.

Stuttgart-Marketing (s. S. 113) bietet Thementouren, die kulinarische Abendrundgänge und nächtliche Taschenlampenrundgänge durch Museen, Führungen durch die Markthalle oder das Bohnenviertel, eine lustige Tour mit „Frau Schwätzele", Architektur-, Stäffele- und Frauentouren umfassen, alle etwa einmal monatlich.

Weitere Anbieter von Stadtführungen zu den Themen Architektur, Stäffele, Auf Schillers Spuren, Frauengeschichten, Brunnen und Quellen, Wein, Kultur im Kessel, die Sight-Running als Joggingtour für Sportliche oder auch Geocaching-, Nacht- und Earlybird-Touren, per Pedes oder mit dem Fahrrad sind u. a.

❯ **Silke Amos,** Tel. 6203607, www.kulturfuehrungen.de

051st Abb.: gk

> **Architektouren Stuttgart,**
  Tel. 34249206,
  www.architektouren-stuttgart.de
> **Kulturpilot,** Tel. 6402491,
  www.kulturpilot.de
> **Translang,** Tel. 6771897,
  www.translang.de

Im Stuttgarter Stadtgebiet zwängt sich der zur Schifffahrtstraße ausgebaute Neckar zum Teil durch ein unattraktives Betonkorsett, doch flussabwärts passiert er auch eindrucksvolle Steillagen wie die Weinhänge des Cannstatter Zuckerle. **Flusstouren auf dem Neckar** zwischen Stuttgart und Besigheim starten in der Nähe der Wilhelma ㉙. Dank mehr als einem Dutzend Anlegestellen lassen sich die Linienfahrten auch mit Ausflügen kombinieren. Neben Motorschiffen bietet der Neckar-Käpt'n auch Floßfahrten, meist mit Grill.

● **150** [ei] Neckar-Käpt'n, Anlegestelle Wilhelma, Haltestelle: Wilhelma, Tel. 54997060, www.neckar-kaeptn.de, Di.–So., Betriebsferien Mitte Dez.–Mitte Jan., Tickets für Rundfahrten 8–15 €, ermäßigt 4–7,50 €, Linienfahrten: Preise je nach Entfernung

Unterkunft

Das Angebot an Unterkünften in Stuttgart ist breit gefächert – vom Bett in der einfachen Herberge bis zum Luxushotel mit Wellnessbereich und vom gemütlichen Familienhotel bis zum modernen Designerzimmer kann je nach Gusto gebucht werden.

◀ *Auf Flussfahrt*
mit dem Neckar-Käpt'n

In Stuttgart gibt es rund 130 Hotels, außerdem Hostels, Pensionen und Ferienwohnungen. Zu Messezeiten muss mit kräftigen Aufschlägen auf den Zimmerpreis gerechnet werden. Viele Hotels bieten Online- und teilweise auch Wochenendrabatte an.

Stuttgart-Marketing bietet einen Buchungsservice, gebucht werden kann online, per Telefon oder persönlich im i-Punkt (s. S. 113). Bei der Zimmerbuchung über Stuttgart-Marketing ist bei einigen Unterkünften ein Netzticket für den öffentlichen Nahverkehr inklusive (das Angebot nennt sich „ÖPNV plus").

Günstige Preiskategorie

☎ **151** [F5] **Alex30 Hostel** €, Alexanderstr. 30, Haltestelle: Olgaeck, U5, U6, U7, U15, Tel. 8388950, www.alex30-hostel.de. Auch Mehrbettzimmer und Apartments. Ein günstiges Bett für junge Leute: Das Hostel in Innenstadtlage kombiniert einfache Ausstattung mit Hotelservice zu „schwäbischen" Preisen. Es gibt 32 Zimmer, zum Teil mit Etagen-Einzelduschen, zum Teil mit eigener Dusche, und einige Apartments mit Bad und Küche. Parkmöglichkeit in begrenzter Zahl. Gegen Pfand können Geschirr, Handtücher und Fernbedienung geliehen werden. WLAN.

🏨 **152** [D6] **Am Wilhelmsplatz** €, Wilhelmsplatz 9, Haltestelle: Rathaus, U1, U2,

U4, Tel. 210240, www.hotelam wil-helmsplatz.de. Das familiengeführte Stadthotel mit knapp 30 eher kleinen Zimmern liegt am Rande des Heusteig-viertels und zugleich in Fußnähe zur Innenstadt. Das Personal ist freundlich, die Lage am trubeligen und auch befah-renen Wilhelmsplatz. Die Rezeption ist Mo. bis Fr. bis 22 Uhr, Sa., So. nur bis 18 Uhr besetzt. WLAN.

153 [B8] **Büroma Apart Suites** €, Marien-platz 5b, Haltestelle: Marienplatz, U1, U14, Tel. 9393332, www.bueroma-apart.de. Die modernen Apartments zwischen 20 und 80 m² werden ab drei Tage Aufenthaltsdauer vermietet. Alle sind mit Küche und separatem Schlaf-bereich ausgestattet, Handtücher und Bettwäsche werden gestellt. Eine Wasch-maschine und ein Trockner befinden sich im Gebäude. Parkplätze, Internet-zugang und Reinigungsservice können gegen Aufpreis zusätzlich gebucht wer-den. WLAN.

154 [C6] **InterHostel** €, Paulinenstr. 16, Haltestelle: Stadtmitte/Rotebühlplatz, U2, U4, U14, S1, S2, S3, S4, S5, S6, Tel. 66482797, http://inter-hostel. com. Das Hostel bietet Einzel-, Doppel-, Vierbett- und Sechsbettzimmer, dazu ein Frühstücksbuffet für 7 €. Das zent-ral, allerdings an einer stark befahrenen Straße gelegene Hostel ist von 7 bis 23 Uhr geöffnet, mit dem Schlüssel kommt man aber auch nachts ins Haus. Rabatte ab drei Übernachtungen. WLAN.

155 [ei] **Jugendherberge NeckarPark** €, Elwertstr. 2, Haltestelle: NeckarPark, S1, Tel. 6647470, http://stuttgart-neckar park.jugendherberge-bw.de. Von den 43 Zimmern der Jugendherberge in Bad Cannstatt sind nur drei Doppelzimmer, die anderen Drei- und Vierbettzimmer, aber alle mit eigener Nasszelle. Auch vom ADFC als „Bett+Bike"-Unterkunft für Radfahrer empfohlen – der Neckarrad-weg ist nicht weit. WLAN.

156 [F3] **Jugendherberge Stuttgart Inter-national** €, Haußmannstr. 27, Halte-stelle: Eugensplatz, U15, Tel. 6647470, http://stuttgart.jugendherberge-bw.de. Insgesamt gibt es mehr als 300 Schlaf-plätze in 33 Doppel- und 59 Vierbettzim-mern, einem Einzel- und einem Sechs-bettzimmer, alle mit eigener Nasszelle. Acht davon sind rollstuhlgerecht. Mit dem Aufzug geht es vom Eingang zur Rezeption: Dank Hanglage hat die Stutt-garter Jugendherberge einen Traumblick über die Innenstadt. 24 Stunden rund um die Uhr geöffnet. WLAN.

157 [D6] **Pension am Heusteig** €, Heu-steigstr. 30, Haltestelle: Österreichischer Platz, U1, U14, Tel. 239300, www.am-heusteig.de. Die Pension mit 14 zweck-mäßigen Zimmern im Heusteigviertel liegt nahe zur Innenstadt.

Mittlere Preiskategorie

158 [E6] **Abalon** €€, Zimmermannstr. 7–9, Haltestelle: Olgaeck, U5, U6, U7, U12, U15, Tel. 21710, www.abalon.de. Das Dreisternehotel bietet funktional eingerichtete Zimmer. Eigene Tiefgarage mit 45 Plätzen. Rezeption nur bis 22 Uhr besetzt. WLAN.

159 [D1] **Arcotel Camino** €€-€€€, Heilbron-ner Str. 21, Haltestelle: Hauptbahnhof, U5, U6, U7, U9, U12, U14, U15, S1, S2, S3, S4, S5, S6, Tel. 258580, www. arcotelhotels.com/camino. In Sicht-weite des Hauptbahnhofs hat die Hotel-kette einen denkmalgeschützten Bau von 1890, einst Quartier für Post- und Bahnbedienstete, zum modern-elegan-

▶ *Im Foyer des Motel One lädt die Hotelbar zum Boxenstopp ein*

ten Viersternehotel umgebaut. Die 168 Zimmer unterschiedlicher Größe und Ausstattung sind wegen der Lage an der befahrenen Heilbronner Straße alle schallisoliert. Pluspunkte sind die zentrale Lage und der freundliche Service. 20 Raucherzimmer, zwei barrierefreie Zimmer. WLAN.

🏨160 [A1] **Azenberg** €€, Seestr. 114–116, Haltestelle: Hölderlinstraße, Bus 43, Tel. 2255040, www.hotelazenberg.de. Das Hotel am Fuß des Killesbergs bietet ruhige, zum Teil recht kleine Zimmer, ein Schwimmbad, einen kleinen Wellnessbereich und einen Garten, in dem man beim Getränk schon mal entspannen kann. Gutes Frühstück, wenig Parkmöglichkeiten bei Anreise mit dem eigenen Wagen. WLAN.

🏨161 [D3] **Motel One** €€, Lautenschlagerstr. 14, Haltestelle: Hauptbahnhof, U5, U6, U7, U9, U12, U14, U15, S1, S2, S3, S4, S5, S6, Tel. 3002090, www. motel-one.com. Die überaus erfolgreiche Hotelkette setzt auf Low-Budget-Preise, Design und gute Lage. Nach dem

älteren Hotel an der Heilbronner Straße, Nähe Pragsattel, eröffnete in Stuttgart 2011 ein weiteres Motel One in absoluter Toplage – zentral, nahe dem Bahnhof und trotzdem ruhig. Die Zimmer sind klein, aber modern und zweckmäßig eingerichtet, das Frühstück zwar in Selbstbedienung, dafür gibt es WLAN-Zugang und ein ansprechendes Foyer mit Bar.

🏨162 [gk] **Ochsen** €€, Ulmer Str. 323, Haltestelle: Inselstraße, U9, Tel. 4070500, www.ochsen-online.de. Das Hotel mit 32 Zimmern befindet sich in einem alten Fachwerkgebäude in Wangen, am Rande Stuttgarts. Schon vor 1900 gab es hier das Gasthaus zum Ochsen. Neben den einfacheren Komfortzimmern können die teurere Kategorie „Elegance", Mehrbettzimmer und zwei Suiten gebucht werden. Auch als Viersternehotel ist man sich nicht zu fein für Radfahrer, eine Fahrradgarage ist vorhanden. Mit Restaurant und gemütlicher Alpenstube.

🏨163 [B7] **Park Inn by Radisson** €€–€€€, Hauptstätter Str. 147, Haltestelle: Marienplatz, U1, U14, Tel. 320940,

052st Abb.: gk

www.parkinn.de/hotel-stuttgart. Das 2010 eröffnete Businesshotel auf dem ehemaligen Dinkelacker-Brauereigelände in Stuttgart-Süd bietet 181 modern und farbenfroh eingerichtete Zimmer, wegen der Lage an der befahrenen Straße schallisoliert. In der Standardkategorie mit Dusche ausgestattet, bietet der Tarif „Business Friendly" etwas größere Zimmer mit Badewanne sowie inklusive Frühstück, WLAN, Pay-TV und Tageszeitung. Fitnessraum mit Sauna und Dachterrasse, eigene Tiefgarage, 12 Zimmer mit Balkon, zwei behindertengerechte Zimmer.

🏨**164** Relexa Waldhotel Schatten €€–€€€, Magstadter Str. 2–4, Anreise nur mit eigenem Wagen zu empfehlen, Tel. 68670, www.relexa-hotels.de. Das Viersternehotel bietet 138 gemütlich oder funktional eingerichtete Zimmer und Suiten im historischen Altbau oder im neuen Annex, einen Fitnessraum und einen Wellnessbereich. Raucherzimmer sind buchbar. Eigene Tiefgarage mit 34 Plätzen und Parkplatz. Das Hotel an der berüchtigten S-Kurve der Solitude-Rennstrecke (s. S. 108) liegt schon im Grünen vor den Toren Stuttgarts. Über die B14 und lange Tunnel gelangt man aber außer zu Hauptverkehrszeiten schnell in die Innenstadt. WLAN.

🏨**165** [C5] Royal €€–€€€, Sophienstr. 35, Haltestelle: Stadtmitte/Rotebühlplatz, U2, U4, U14, S1, S2, S3, S4, S5, S6, Tel. 6250500, www.royalstuttgart.de. Das Viersternehotel mit 100 Zimmern besticht durch seine zentrale Lage. Die Ausstattung im Stil der 1970er-Jahre wurde bislang nur zum Teil modernisiert. Die Mitarbeiter machen durch Freundlichkeit und Professionalität wett, was die in die Jahre gekommene Ausstattung noch zu wünschen übrig lässt. Die Zimmer zum Hof sind ruhiger als die zur belebten Sophienstraße. Raucherzimmer vorhanden. WLAN.

🏨**166** [C4] Wartburg €€, Lange Str. 49, Haltestelle: Stadtmitte/Rotebühlplatz, U2, U4, U14, S1, S2, S3, S4, S5, S6, www.hotel-wartburg-stuttgart.de, Tel. 20450, Frühstücksbuffet 11 €, Tiefgarage 7 €. Das Stadthotel mit 80 Zimmern liegt unweit der Stuttgarter Einkaufszonen Königstraße und Calwer Straße. Die Zimmer sind zweckmäßig eingerichtet und gepflegt, das Hotel punktet vor allem durch seine zentrale Lage und den freundlichen Service. WLAN.

Gehobene Preiskategorie

🏨**167** [fj] Hilton Garden Inn Stuttgart NeckarPark €€, Mercedesstr. 75, Haltestelle: NeckarPark, S1, Bus 56, www. hilton.de/stuttgartneckarpark, Tel. 900550. In unmittelbarer Nähe des Cannstatter Wasen und der MercedesBenz-Arena ist das modern-elegante Hilton-Hotel ein Teil der großen Sportanlagen NeckarPark. Das Businesshotel mit 150 Zimmern ist auch technisch auf Geschäftsreisende eingestellt und bietet einen hellen Fitness- und Wellnessbereich mit großen Fenstern. WLAN.

🏨**168** [D2] Steigenberger Graf Zeppelin €€€, Arnulf-Klett-Platz 7, Haltestelle: Hauptbahnhof, U5, U6, U7, U9, U12, U14, U15, S1, S2, S3, S4, S5, S6, Tel. 20480, www.steigenberger.com/ stuttgart, DZ ab 170 €. Das Steigenberger befindet sich in unmittelbarer Nähe von Bahnhof und Königstraße. Der Zeppelinbau von 1931 wurde 2011 renoviert, die 150 zeitlos-klassischen Zimmer mit Flatscreen und anderer Technik ausgestattet. Im Zeppelin Day Spa werden die Gäste auf rund 500 m² verwöhnt, Sa. und So. wird nachmittags in der Zeppelin-Bar High Tea serviert und neben dem Gourmetrestaurant Olivo und dem auf Steaks spezialisierten Zeppelino'S gibt es im gediegenen Zeppelin Stüble auch regionale Küche. WLAN.

Verkehrsmittel

Öffentlicher Personennahverkehr

Das Netz des **Verkehrs- und Tarifverbunds Stuttgart (VVS)** besteht aus **Stadtbahnen,** die sowohl unter- als auch oberirdisch fahren, **S-Bahnen** sowie **Buslinien** und ist in mehrere **Tarifzonen** aufgeteilt. Ein Ticket für die **Kurzstrecke** kostet 1,20 € (in der S-Bahn gültig bis zur nächsten Haltestelle, in Stadtbahn und Bus bis zur 3. Haltestelle nach dem Einstieg). **Einzelfahrscheine** kosten 2,10 € für eine Zone, 2,60 € für zwei Zonen bis zu 6,90 € für sechs und mehr Zonen. Vierertickets mit vier zu entwertenden Abschnitten sind etwas günstiger, für eine Zone kostet es 7,90 € für Erwachsene und 4,20 € für Kinder von 6 bis 14 Jahren. **Tagestickets** kosten für bis zu zwei Zonen 6,10 €, für bis zu vier Zonen 9,70 € und 13,30 € für das gesamte Netz. Wer mit mehreren Personen reist, kann auch ein **Gruppenticket** kaufen. Es gilt für bis zu fünf Personen oder Eltern mit einer beliebigen Anzahl eigener Kinder bis zum Alter von 17 Jahren. Für bis zu zwei Zonen kostet es 10,50 €, für bis zu vier Zonen 14,80 € und für das gesamte Netz 17,90 €. Für die Innenstadt und die nähere Umgebung kommt man mit Tickets für zwei Tarifzonen aus (Zone 10 und Zone 20).
› Infos zu Tarifzonen: www.vvs.de/download/Tarifzonenplan.pdf

Der VVS bietet außerdem ein **3-Tage-Ticket** an, das in S-Bahn, Bus und Stadtbahn gilt und für das Stadtgebiet Stuttgart 10,60 € und für das gesamte Netz 14,50 € kostet. Es gilt für einen Erwachsenen und zwei Kinder im Alter bis einschließlich 17 Jahren.

Man erhält es an der Rezeption zahlreicher Hotels oder gegen Nachweis einer entsprechenden Hotelübernachtung im i-Punkt (s. S. 113).

In Wochenendnächten und vor Feiertagen (Do. um 1.11, 2.22 und 3.33 Uhr, Fr., Sa. um 1.11, 2, 2.22, 3.10 und 3.33 Uhr) verkehren vom Schlossplatz ❺ aus **Nachtbusse** in Richtung verschiedener Stadtteile und Vororte. Insgesamt gibt es über 300 Haltestellen mit dem dunkelblauen Nachtbussymbol. Eine Übersicht über die Strecken der zehn Nachtbuslinien findet man unter www.tipsntrips.de/template.php?fID=830, den Fahrplan beim VVS.

Seit 2012 gibt es das neue **MetropolTagesTicket,** das im VVS und den umliegenden acht Verkehrsverbünden gilt. Der Preis richtet sich nach der Anzahl der Personen, die gemeinsam reisen. Die erste Person bezahlt 18,50 €, jede weitere Person jeweils 4 €. Die maximale Gruppengröße liegt bei 5 Personen. Kinder und Enkel bis

14 Jahre fahren in Begleitung ihrer Eltern oder Großeltern (maximal zwei Erwachsene) kostenfrei.

> **Stuttgarter Verkehrsbetriebe,**
>   Tel. 19449, www.vvs.de

Taxi

Taxistände gibt es am Hauptbahnhof ❶ und am Rotebühlplatz [C5]. Nach 20 Uhr bestellt der Fahrer jeder Stadtbahn kostenlos ein Taxi zur gewünschten Haltestelle.

> **Taxi-Zentrale,** Tel. 5510000

Wetter und Reisezeit

In den kalten Monaten profitiert Stuttgart von seiner Lage in einer von Hügeln umgebenen Senke: Das Klima ist mild, windiges Wetter ist die Ausnahme und auch Niederschläge sind hier deutlich seltener als anderswo. Die Stadt gehört zu den **wärmsten Gebieten Deutschlands,** schon im Februar sitzen manche Cafégäste unter Heizstrahlern draußen. Nur die sogenannte **Inversionswetterlage** führt zu Wintersmog – wenn Hochdruck herrscht und kein Lüftchen weht, sammelt sich Feinstaub als Dunstglocke über Stuttgart. Allerdings gab es nur einen einzigen Smogalarm in der Stadt, und das ist im Januar 1982.

Die schönsten Monate für eine Reise nach Stuttgart sind **Mai, Juni, September und Oktober** mit angenehmen Temperaturen für ausgedehnte Stadtspaziergänge. Mit Sommersmog macht die berüchtigte Kessellage der Stadt an schwülen Tagen aber auch zu schaffen. Die Luft heizt sich auf, eine Dunstglocke liegt über der Stadt. Doch auch im **Juli** und **August** locken bei sommerlichen Temperaturen Open-Air-Konzerte, Sommerfestivals und außerdem diverse Biergärten in luftigeren Höhen Besucher nach Stuttgart.

Im **Herbst** und **Winter** steht die Kultur im Vordergrund. Neben Ausstellungen und der Herbstmesse ziehen vor allem Konzerte, Theater- und Opernpremieren, für die man vorab Karten bestellen sollte, die Besucher an. Die Landeshauptstadt bietet auch im Winter Abwechslungsreiches. Wer sich bei Kälte – doch Frosttage sind selten – lieber drinnen aufhält, hat die Auswahl unter zahllosen Museen, aber auch mit Glühwein lässt sich auf den stimmungsvollen Weihnachtsmärkten dem Winter trotzen.

054st; Abb.: gk

▶ *Auch zum Weihnachtsmarkt lohnt sich ein Stuttgart-Besuch*

Anhang

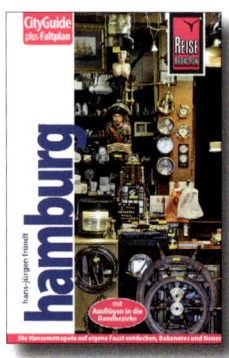
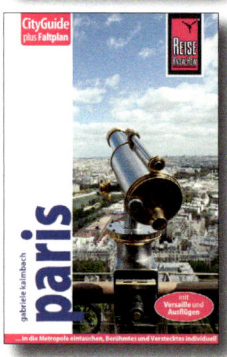

Register

Register

056st Abb.: lool – Fotolia.com

Die Autorin

Gabriele Kalmbach arbeitet als Autorin, Übersetzerin und Redakteurin von Kochbüchern und Reiseführern in Düsseldorf und München. Ihre thematischen Schwerpunkte sind Deutschland und Frankreich. Im REISE KNOW-HOW Verlag sind von ihr auch die CityGuides „Paris" und „Dresden", der „KulturSchock Frankreich" sowie der CityTrip „Paris" erschienen.

Durch ihre schwäbischen Großeltern ist die Autorin nicht nur sprachlich mit dem „Ländle" verbunden, insbesondere auch das Essen bei der Oma war pures Kindheitsglück. Gabriele Kalmbach ist Mitglied der Slowfood-Bewegung und hat als leidenschaftliche Hobbyköchin ihre Genussheimat in Schwaben gefunden.

Schreiben Sie uns

Dieser CityTrip-Band ist gespickt mit Adressen, Preisen, Tipps und Infos. Nur vor Ort kann überprüft werden, was noch stimmt, was sich verändert hat, ob Preise gestiegen oder gefallen sind, ob ein Hotel, ein Restaurant immer noch empfehlenswert ist oder nicht mehr usw. Unsere Autoren sind zwar stetig unterwegs und erstellen alle zwei Jahre eine komplette Aktualisierung, aber auf die Mithilfe von Reisenden können sie nicht verzichten.

Darum: Schreiben Sie uns, was sich geändert hat, was besser sein könnte, was gestrichen bzw. ergänzt werden soll. Wenn sich die Informationen direkt auf das Buch beziehen, würde die Seitenangabe uns die Arbeit sehr erleichtern. Gut verwertbare Informationen belohnt der Verlag mit einem Sprechführer Ihrer Wahl aus der über 220 Bände umfassenden Reihe „Kauderwelsch".

Bitte schreiben Sie an:
REISE KNOW-HOW Verlag Peter Rump GmbH, Postfach 140666, D-33626 Bielefeld, oder per E-Mail an:
info@reise-know-how.de

Danke!

Liste der Karteneinträge

Liste der Karteneinträge

Hier nicht aufgeführte Nummern liegen außerhalb der abgebildeten Karten. Ihre Lage kann aber wie bei allen Ortsmarken im Buch mithilfe unserer Kartenansichten unter Google Maps™ gefunden werden (s. rechts).

Symbollegende

❶	Sehenswürdigkeit
✚ ✚	Arzt, Apotheke, Krankenhaus
❶	Bar, Bistro, Klub, Treffpunkt
🕮	Bibliothek
◯	Kneipe, Biergarten
◖	Café
🏛	Denkmal
🏛	Galerie
▲	Geschäft, Kaufhaus, Markt
🏠	Hotel, Unterkunft
❶	Imbiss
❶	Informationsstelle
@	Internetcafé
🏠	Jugendherberge
⛪	Kirche
🏛 Ⓜ	Museum
◐	Musikszene, Disco
🅿 🅿	Parken
🏠	Pension
✉ ☎	Postamt
➤	Polizei
❦	Rebflächen, Weinreben
◑	Restaurant
〰	Schwimmbad
●	Sonstiges
Ⓢ	Sporteinrichtung
✡	Synagoge
◐ 🎭	Theater
�	Turm
◑	vegetarisches Restaurant
◑	Weinlokal, Weinstube
⚠	Zeltplatz, Camping

Ⓢ	S-Bahn
─◯─	Stadtbahn
───	Stadtspaziergang (s. S. 18)
▭	Shoppingareale
▭	Gastro- und Nightlife-Areale

Mit PC, Navi, iPhone & Co.

Als **kostenlosen Begleitservice** stellen wir unter **www.reise-know-how.de** auf der Produktseite dieses Titels folgende Daten und Anwendungen bereit.

★ **Alle Ortsmarken des Buches unter Google Maps™:** Springen Sie im Internet direkt aus unseren thematischen Listen an den genauen Punkt auf der Karte. Luftbildansichten, Fotos und die Streetview-Funktion zeigen ein genaues Bild des Objektes und seiner Umgebung. Weitere Funktionen wie Routenplaner und Verkehrsplan erleichtern die Orientierung vor Ort. Nutzbar auf allen Geräten mit Internetbrowser und permanentem Internetzugang.

★ **Faltplan als PDF mit Geodaten:** Nach dem Speichern auch mobil nutzbar auf allen Geräten mit PDF-Reader. Der aktuelle Acrobat Reader™ stellt Zusatzfunktionen für die Geodaten bereit. Für iPhone/iPad empfiehlt sich die App „PDF Maps" von Avenza™.

★ **GPS-Daten aller Ortsmarken:** einfacher Import in GPS-Geräte, Navis und Geosoftware auf PCs und mobilen Geräten

★ **Kapitel „Praktische Reisetipps" als PDF:** Nach dem Speichern auch mobil nutzbar auf allen Geräten mit PDF-Reader.

Darüber hinaus kann das Buch insgesamt oder eine persönliche **Auswahl einzelner Seiten als PDF käuflich erworben** werden. Nach dem Speichern auch mobil nutzbar auf allen Geräten mit PDF-Reader.

Aktuelle Tipps und Hilfe unter: www.reise-know-how.de

Kirchheim (N) Besigheim Tamm
R4 Heilbronn* Walheim
Ellental **S5** Bietigheim
Vaihingen (E)
R5 Pforzheim* Sersheim Sachsenheim

U15 Stammheim Korntaler Str.

R61 Weissach Heimerdingen Schwieberdingen Münchingen Rührberg Korntal Gymnasium
Hemmingen Münchingen Weilimdorf

Ditzingen
Weilimdorf
Höfingen Rasta
Wolfbus
Bergheimer Hof
Leonberg Salamanderweg
U13 Giebel H
Rutesheim Breitwiesen
Siedlung
Renningen **U6** Gerlingen
Malmsheim

Eltinger Str. Beethovenstr.
U9 **U2** Botnang Millöckerstr. pa

S6 Weil der Stadt

Maichingen
S60
Vaihingen S
U1 **U3** Vaihi
Sindelfingen
S60 **R72** Böblingen Goldberg
Hulb Böbl. Danziger Str.
Ehningen Böbl. Südbf. Ob
Böbl. Heusteigstr.
Gärtringen Böbl. Zimmerschlag
Nufringen Holzgerlingen Nord
S1 **R73** Herrenberg Holzgerlingen
Holzgerlingen I
Gäufelden Herrenberg Zwerchweg Weil im Schönbuch
Bondorf* Weil im Sch
R7 Horb* R74 Freudenstadt* R73 Tübingen Gültstein Weil im Schönb